D1873896

Claudia Lenz

MAGISCHE BRÜHEN

Gesund, schlank und schön
mit dem neuen Suppenwunder

südwest

Inhalt

Passion for food
Passion for life
THE
HEALTHY
BUTCHER
live to eat.

Vorwort

In meiner Schule gab es einen Getränkeautomaten, dem konnte man außer grässlichem Kaffee und Wasser-Kakao auch salzige Brühe entlocken. Für 50 Pfennig bekam man einen Becher heiße Instantbrühe. Das war tatsächlich eine Weile lang mein absoluter Pausenfavorit. Damals, in den 1980er-Jahren. Salziges Wasser mit Fleischgeschmack und fünf Petersilienfitzelchen darin. Für mich, noch ahnungslos, machte dieser trinkbare Minisnack alles richtig. Damals.

Nach der Schulzeit jedoch folgten viele Jahre, in denen ich mich beruflich viel mehr mit festem als mit trinkbarem Essen beschäftigte …

Doch dann, vor einiger Zeit, tauchte sie wieder auf in meinem Leben: die Brühe aus dem To-go-Becher. Und diesmal eine, die mich lehrte, was eine wirkliche Brühe ist. Eine, die von New York aus die Metropolen der westlichen Welt erobert hatte: Brühe 2.0!

Was mir da vor einigen Monaten entgegendampfte, war … mehr! Eine Brühe wohlig warm und satt machend, eine Brühe für Genuss- und Gesund-Snacker. Eine Brühe, die eine vollständige Minimahlzeit war. Sättigend, gesund, beglückend und einfach gut.

Und dann wollte ich wissen, wie das geht – Flüssiges so wohltuend nährend zuzubereiten.

Also ab in die Suppenküche.

Und siehe da, von wegen EINE Brühe – es gibt sie in unzähligen Varianten. Voller Nährstoffe steckt sie, und sie macht nicht nur wohlig satt, sondern auch schön und fit. Alles kein Hexenwerk.

Nur zwei Dinge sind wichtig: Muße und Qualität der Zutaten. Mit etwas Zeit und guten Grundzutaten werden auch Sie zum Brühenmeister.

KOCHEN UND ENTDECKEN SIE SELBST!

WISSENSWERTES

FASZINATION SUPPENKÜCHE

Suppen sind ein Phänomen. So einfach und schnörkellos, so elementar in den Küchen der Welt verankert. So präsent in der Hausmannskost wie in der gehobenen Küche. So gleichermaßen geliebt, von Jung und Alt. Begeben Sie sich mit auf die Suche nach Gründen dafür, dass Brühen und Suppen für viele mehr als nur wohlschmeckende Nahrung sind. Nach Gründen für ihre fast magische Anziehungskraft. Mich führt das Suppenkochen immer wieder zurück zum ganz Elementaren: Kochen und Essen als sozialer Akt.

Erstaunlich einfach, verblüffend verführerisch, gänzlich gesund

Warum eigentlich bringen uns Brühen (und daraus hergestellte Suppen) ein so wohliges Gefühl?

Für die einen ist eine Brühe, die leise auf dem Herd simmert, der Inbegriff von Wohnküchen-Heimeligkeit. Auftakt zu einem gemeinsamen Essen in gemütlicher Atmosphäre. Essen wie bei Oma. Denn unbestritten: Brühen und Suppen sind nicht nur was für den Magen, sondern auch was für Herz und Seele.

Während die Brühe auf dem Herd vor sich hin köchelt, kitzelt uns der aus dem Topf aufsteigende Duft stundenlang in der Nase. Dazu eine einfache Suppeneinlage, ein wenig Salz, ein paar Kräuter. Eine nette Tischrunde. Und dann löffeln alle gemeinsam. Ein Essen, das erdet.

Für die anderen ist Brühe pures Gesundessen. Wärmend, die Verdauungsorgane entlastend, voller gesunder, oft auch immunstärkender Inhaltsstoffe. Mit guten Mengen an Baustoffen, die unser Körper braucht: für starke Knochen, gesunde Gelenke, für eine schöne, straffe Haut, glänzende Haare und Nägel. Lesen Sie Details über wichtige gesunde Inhaltsstoffe von Brühe auf Seite 36ff..

Viele sehen in einem Topf voller heiß simmernder Brühe eine wunderbare Möglichkeit, Selbstgeerntetes aus dem Garten und das Bio-Suppenhuhn vom Wochenmarkt zu einer gesunden, wohlschmeckenden, vollwertigen Mahlzeit zu verheiraten. Hochwertige Zutaten, schonend gegart, nichts wird unnötig weggeworfen.

Das ist uraltes Wissen über gelebte Küchenpraxis, über den Umgang mit Ressourcen ganz allgemein. Fast schon in Vergessenheit geraten war es im ganzen Überfluss an Nahrung, in dem wir seit Jahrzehnten leben. Im Zuge der Öko- und Clean-Eating-Bewegung sowie mit einem steigenden Anteil an Menschen, die nachhaltig leben möchten, kann jedoch inzwischen eine selbst gekochte Brühe aus regionalen, saisonalen Zutaten wieder mächtig punkten.

Darüber hinaus gibt es noch eine weitere, ganz anders motivierte Gruppe von Brühenfans: Sie sehen in einer Knochen- und Fleischbrühe das allerurtümlichste warme Essen, das wir kennen. Ein Essen, das uns Menschen nährte, noch lange bevor wir den Ackerbau kennenlernten und Getreidebreie kochten oder -fladen backten. Für diese der Steinzeiternährung bzw. dem Paleo-Trend folgenden Brühenfans ist selbst gekochte Fleischbrühe Gesundheit aus dem ganzen Tier. Denn in der Tat können wir viele Bestandteile aus den Knochen und dem Fleisch der Tiere als Bausteine für körpereigene Strukturen verwenden. Mehr dazu auf Seite 36ff.

Magie aus dem Topf

So einfach, so wunderbar. Ein Topf voll dampfender Fleischbrühe auf dem Herd, dem köstlicher Duft entströmt, der Vorfreude aufs Essen macht. Und nicht nur auf irgendein Essen, nein, auf viel mehr: Heute ein Teller klare Brühe als Vorspeise, morgen wird mit einem weiteren Teil der Brühe eine kräftige Suppe mit Kartoffeln, Gemüse und Nudeln darin gekocht. Übermorgen gibt's eine wunderbare Sauce zum gebratenen Fleisch, natürlich auf der Basis der vor Tagen geköchelten Brühe. Und der Rest wartet in der Gefriertruhe auf seinen späteren Einsatz.

Fühlt sich fast an wie eine wundersame Essensvermehrung. In jedem Fall aber stellen Brühen eine wundersame Geschmacksvermehrung dar. Jede einzelne Zutat für sich ist nur wenig spektakulär – seien es die Knochen, das Suppenfleisch, einfaches Schmorgemüse, eine Zwiebel, ein paar Gewürze. Ach ja, und die Zeit als Zutat – unverzichtbar! Das alles zusammen genommen aber ergibt eine gute, eine wahrhaft magische Brühe.

Eine solche Brühe kann den Hunger verschwinden lassen und wärmt wunderbar von innen. Und sie aktiviert durch diese Wärme unsere Selbstheilungskräfte. Denn durch die Wärme der Flüssigkeit und die Wärme würzender Zutaten wird unser Stoffwechsel in Schwung gebracht, werden alle positiven, reinigenden, reparierenden, ausgleichenden und heilenden Mechanismen angekurbelt. Magie aus dem Topf also! Und wem das immer noch nicht reicht, der findet ab Seite 36 noch eine Menge magischer Inhaltsstoffe.

Die Wiederentdeckung des gesunden Essens

Sieht man sich den Brühen- und Suppenhype der letzten Jahre an, könnte man glatt denken, da haben ein paar Food-Trendsetter mal wieder eine völlig neue Art des Speisenzubereitens und -essens erfunden. Stattdessen ist es eher umgekehrt: Wir haben eine besonders gute Art des Kochens und Zubereitens – und des Genießens – *wieder*entdeckt.

Fast wäre die selbst hergestellte Brühe zu einer nur noch von Spitzenköchen gepflegten Kunst geworden. In der übrigen Gastronomie wie auch in den heimischen Küchen hatte man sich schon allzu lange an die Verwendung und den Geschmack(!) von Industrieprodukten wie gekörnter Brühe, Brühwürfeln, Fond aus der Nahrungsmittelfabrik und Tubenpasten als Grundlage für Saucen gewöhnt. Erfunden, um Zeit zu sparen, trugen solche Produkte über die Jahrzehnte hinweg mit dazu bei, dass wir die beim Zubereiten von Speisen eingesparte Zeit mit einer Menge anderer Tätigkeiten verplanten. Oftmals mit Dingen, die derartig unbefriedigend waren, dass schließlich heute, im 21. Jahrhundert, viele Menschen die Beschäftigung mit der Essenszubereitung endlich wieder als sinnvoll und als gut verbrachte Zeit ansehen.

Viele übernehmen heute wieder viel Eigenverantwortung für das, was sie essen und nehmen die vielen Funktionen bewusst wahr, die gutes, selbst zubereitetes Essen hat: Es dient eben nicht nur der bloßen Versorgung mit Energie, sondern es liefert gesunde Nährstoffe und die Mahlzeit ist ein soziales Event.

Wahrscheinlich wird es uns mit vielen Dingen noch ähnlich gehen wie mit der Brühe. Wir müssen sie *wieder*entdecken. Ich persönlich sehne mir beispielsweise schon längst eine großflächige Wiederentdeckung des Sauerteigs herbei. Aber auch jenseits von Küchen und Esstischen könnte man sich Traditionelles als neuen Trend vorstellen: Zum Beispiel die Wiederentdeckung des Zufuß-Gehens – als Wieder-Verlangsamung des Lebens auf Menschengeschwindigkeit.

Nahrung wertschätzen

Es leben zu viele Menschen auf der Erde, als dass man Fleisch von Schlachttieren zu einem Hauptbestandteil der Ernährung von uns allen machen könnte. Das ist aber kein Argument gegen das Kochen von Fleischbrühe. Ganz im Gegenteil. Gerade weil wir so viele Menschen sind, ist es wichtig, einen möglichst großen Anteil des ganzen Tiers in der Küche zu verwenden. Oder anders gesagt, eine maximale Anzahl an Mahlzeiten daraus zuzubereiten.

Das bedeutet zum Beispiel, auch die Innereien der Tiere zu verwerten. Es bedeutet ebenso, Geflügel- und Fischkarkassen auszukochen, statt sie mit anhängendem Fleisch vom Entsorgungsbetrieb abtransportieren zu lassen. Es bedeutet, das nahrhafte Mark aus Rinderknochen nicht wegzuwerfen, sondern einer Brühe damit Fett und Geschmack zu verleihen oder aber eine schmackhafte und nahrhafte Brüheneinlage damit zuzubereiten, und die Füße von Schweinen auszukochen für eine köstliche Sülze.

Wenn (wieder) mehr Brühe gekocht wird, fällt weniger Fleischabfall an, der in der Tierkörperverwertung aufwendig weiterbe- und verarbeitet wird.

Früher und bis weit in unser Zeitalter hinein konnte man es sich in mehrfacher Hinsicht nicht leisten, vom Tier mehr als die ausgekochten Knochen übrig zu lassen: Zum einen war tierische Nahrung immer teuer bzw. rar, zum anderen gab es keinen hochwertigen Ersatz für tierische Nahrung, die immerhin Eiweiß, Fett und Mineralstoffe liefert. Zum Dritten gab es auch keine Müllabfuhr, die sich um die Beseitigung großer Reste der geschlachteten Tiere kümmern konnte.

In Wirklichkeit können wir es uns auch heute nicht leisten, mehr als nur die giftigen Teile eines Tieres und ausgekochte Knochen wegzuwerfen. Schließlich gibt es Wildtiere nicht in unendlicher Zahl. Sehr deutlich wird das an der fatalen Situation vieler Arten von Meeresfischen, wo Überfischung die Populationen regional ausgelöscht hat. Und auch Tiere, die wir nur dazu züchten, um sie später zu essen, können nicht in beliebig großer Zahl gehalten werden. Denn jedes Tier braucht genügend Platz und ausreichend Futter. Die Tiere brauchen Pflege, und letztendlich bedarf es immer auch einer Lösung für die Beseitigung der tierischen Ausscheidungen. Das alles gilt sowohl für die Haltung von Schlachttieren und Geflügel wie auch für Zuchtfische in Aquakultur.

Werden all diese Kriterien einer tiergerechten und umweltgerechten, nachhaltigen Produktion von Fleisch, also der Haltung von Tieren, die wir später essen, berücksichtigt, bezahlen wir für Fleisch und Fisch allerdings viel Geld. Und das wiederum zwingt uns einmal mehr zu einem sorgfältigen Umgang mit diesen wertvollen Lebensmitteln in der Küche. Letztendlich bringt ein hoher Preis für tierische Lebensmittel mit sich, dass wir diese wieder mehr wertschätzen.

Und hier schließt sich der Kreis. Mehr Wertschätzung heißt unter anderem, möglichst wenig des wertvollen Tieres auf den Müll zu werfen. Und wenn Sie bereits beim Kauf eines Huhns, eines Stücks vom Rind, eines Fischs auf Qualität und gute Aufzuchtpraxis achten, tut das Ihrer Brühe gut. Mehr zur Qualität von Fleisch, Fisch sowie der übrigen Zutaten für Brühen finden Sie im nächsten Kapitel.

Werte weitergeben

Wenn uns selbst eine gute Qualität unseres Essens viel wert ist, dann wünschen wir uns natürlich, dass möglichst viele andere auch so denken. Denn nur dann können wir beispielsweise auch im Restaurant so speisen, wie wir das von zuhause gewohnt sind: Gerichte, die nicht nur gut schmecken, sondern sorgfältig zubereitet sind, mit Zutaten aus artgerechter Tierhaltung, aus regionaler Erzeugung, nach Kriterien der Nachhaltigkeit.

Ein solches Restaurant gibt es nicht in Ihrer Nachbarschaft? Aber sicher haben Sie ein Lieblingsrestaurant! Wo es Ihnen immer gut schmeckt, wo es gemütlich ist, alle nett sind, zuvorkommend. Wo der Koch sich sehen lässt und nachfragt, wie es geschmeckt hat.

Dann fassen Sie sich doch auch ein Herz, einmal bei ihm nachzufragen, woher die Lebensmittel stammen, die in der Küche verwendet werden. Und sagen Sie, was Sie sich wünschen. Dass Sie gerne regionale Zutaten hätten, und wenig weit Transportiertes.

Zuhause ist derjenige/diejenige, der oder die am Herd steht, der Herr über Zutaten und deren Herkunft. Lassen Sie Ihren Partnern oder Ihre Familie wissen, was Sie verwenden, gehen Sie öfter gemeinsam einkaufen. Sprechen Sie mit Ihren Kindern beim Essen über das Essen. Kochen Sie gemeinsam. Leben Sie Ihre Überzeugungen vor, denn wenn Ihre Lieben diese täglich er-leben, werden sie diese später auch ganz selbstverständlich selbst leben.

ZUTATEN UND ZUBEREITUNG

Es gibt eine Menge Gründe, warum Brühen etwas ausgesprochen Gutes sind. In diesem Abschnitt soll es um die Qualität der Zutaten gehen, die Geschmack und Inhaltsstoffe des Wellnessgerichts »Brühe« wesentlich mitbestimmen. Diese Zutaten dann zu einer aromatischen Brühe zu verwandeln, ist mit wenigen Utensilien und viel Zeit keine Zauberei. Magischer kommt es einem dann schon vor, dass aus einem einzigen Topf voller guter Brühe die unterschiedlichsten Speisen für viele Tage werden können, von der klaren Brühe mit pfiffigen Einlagen über schmackhafte Eintopfgerichte bis hin zum Risotto.

Zutaten: Sie haben es in der Hand

Die Zutaten unserer Brühen und Suppen sind vielfach tierischen Ursprungs: Fleisch, Geflügel, Fisch oder Meeresfrüchte. Pflanzliche Hauptzutaten sind im Wesentlichen verschiedene Gemüse. Dazu kommen Würzzutaten wie Kräuter und Gewürze, außerdem Geschmacksbringer wie Meerrettich, Sojasauce, Worcestersauce und Currypaste. Kombiniert wird all das mit Öl oder Fett, die die wichtigsten Geschmacksträger sind.

Ich bin der Meinung, dass Sie all diese Zutaten, egal ob pflanzlichen oder tierischen Ursprungs, sorgfältig auswählen sollten. Immerhin werden Brühen liebevoll und in den meisten Fällen mit viel Zeit und Geduld gekocht und enthalten wertvolle Nährstoff- und Aroma-Extrakte. Und als solche Kostbarkeiten verdienen sie nur ausgesuchte Zutaten.

Achten Sie grundsätzlich darauf, dass die Ware frisch ist, gut riecht, unversehrt ist, idealerweise auch, dass sie gut schmeckt. Testen Sie das im Rahmen der Möglichkeiten beim Einkauf. Dieser Grundsatz gilt aber auch für Zutaten, die Sie zu Hause haben, etwa Gewürze, Knoblauch, Öle und Fette. Schließlich wollen Sie sich nicht mit einem Schuss ranzigem Olivenöl ihre gute Rindersuppe ruinieren. Oder gar mit bitterem Knoblauch das zarte Aioli-Aroma zur Lammsuppe zunichtemachen. Testen Sie vor der Verwendung, ob Ihr Paprikapulver noch angenehm riecht oder ob es nicht doch schon muffig geworden ist, ob Ihre Öle frisch und aromatisch oder bereits abgestanden sind und ob Ihre Ingwerknolle noch saftig ist. Ihre Brühe verdient nur die besten, frischesten Zutaten – nur dann kann sie Wunder wirken, und nur dann schmeckt sie absolut köstlich.

Dass Fisch und Meeresfrüchte nur allerfrischest gekauft werden, ist selbstverständlich, hier geht es nicht nur um Geschmacksbeeinträchtigungen, sondern ganz klar um gesundheitliche Aspekte. Verdorbener Fisch kann üble Magen-Darm-Probleme verursachen.

Kleine Knochenkunde

In vielen unserer Brühen verwenden wir Knochen. Hier ein kleines Knochen-Lexikon:

- **Markknochen** sind die Röhrenknochen der Extremitäten von Rind, Lamm und Co. Im Inneren der Knochen befindet sich das von feinen Blutgefäßen durchzogene fettreiche Knochenmark.
- Als **Sandknochen** werden die oberen Enden der Röhrenknochen bezeichnet: die Kugeln und auch die Kugelgelenke. Sie sind durch und durch aus Knochensubstanz und »bröseliger«, sandiger als der Rest der sehr harten Röhrenknochen.
- **Karkasse** nennt man das Gerippe mit dem anhängenden restlichen Fleisch von Geflügel und Fischen sowie von Krustentieren.
- **Gräten** sind die Rippen und Flossenstrahlen vom Fisch.

Muss es bio sein? – Es kann!

GEMÜSE: Immer wieder gibt es widersprüchliche Studienergebnisse zu den Inhaltsstoffen von Gemüse einerseits aus konventionellem, andererseits aus Bio-Anbau. Eindeutig fest steht bei diesen Studien nur, dass die Belastung mit Pestiziden in den äußeren Schichten des Gemüses bei konventioneller Ware höher ist als bei Bio-Ware.

Wenn Sie Bio-Ware kaufen, unterstützen Sie natürlich ganz allgemein einen sorgsamen Umgang mit der Natur, mit den Ressourcen und mit uns Menschen. Und diesen sorgsamen Umgang führen Sie dann in der Küche weiter: Alles, was für einen bewussten Umgang mit dem wertvollen Lebensmittel Fleisch gilt (siehe

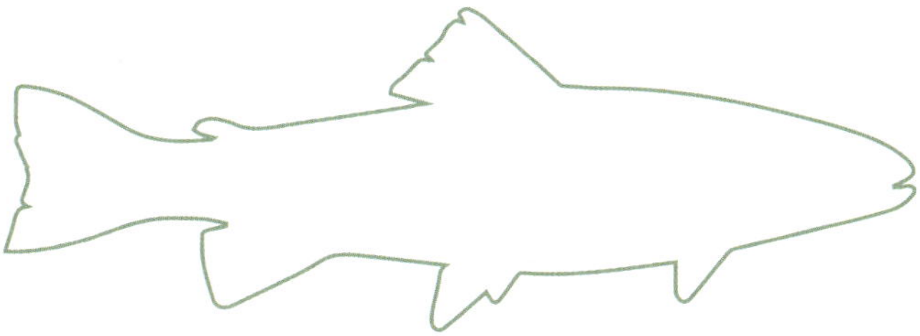

Seite 14 f.), gilt im Prinzip auch für das in Brühen verwendete Gemüse. Denn hier können ebenso Abschnitte (Reste) von Gemüse verwendet werden, die ansonsten weggeworfen würden. Und genau deshalb macht hier beim Gemüse bio viel Sinn, eben weil für Brühen auch die äußeren Schichten des Gemüses mitverwendet werden können, ja sogar sollen. Sofern sie nicht mit Schadstoffen belastet sind enthalten nämlich Abschnitte oder Schalen von gewaschenem Gemüse dieselben guten Inhaltsstoffe wie der restliche Teil des Gemüses: Vitamine, Mineralien, sekundäre Pflanzenstoffe. Bewahren Sie daher Strünke von Kohl, Abschnitte mit Wurzeln von Zwiebeln oder Lauch, Reste von Sellerie (Stangen wie Knollen), Schalen von Möhren und Rüben, Abschnitte von Zucchini, Champignonstiele und Zwiebelschalen auf. Sie können diese einfach im Tiefkühler sammeln und bei Bedarf zusammen mit frischem Gemüse für eine Gemüsebrühe verwenden. So relativiert sich schnell der höhere Preis, den Sie für Bio-Ware zahlen müssen.

Doch Bio-Gemüse macht nicht in jedem Fall Sinn. Wägen Sie gut ab, wenn Sie die Auswahl zwischen Bio-Zwiebeln aus Italien und konventionell angebauten aus Ihrer Region in Mittel- oder Norddeutschland haben. Aus meiner Sicht ist es nicht wirklich ökologisch, wenn die Bio-Ware aus Hunderten, ja Tausenden Kilometern Entfernung angekarrt wird. Wir haben dann zwar gesundes und ökologisch verantwortungsvoll angebautes Gemüse vor uns, nehmen aber den rohstoffverschwendenden und umweltverschmutzenden Transport in Kauf. Und vielleicht noch so manches mehr an Negativem, sofern wir beispielsweise nichts über die Arbeitsbedingungen derer wissen, die dieses Bio-Gemüse anbauen.

Daher halte ich persönlich es für sinnvoll, beim Einkauf Produkte aus der eigenen Region denjenigen vorzuziehen, die von weither kommen, und erst als zweites Kriterium auch auf die Art des Anbaus zu schauen.

FLEISCH: Bei Fleisch bzw. Geflügel und den Knochen, die wir für unsere Brühen verwenden, ist es nicht zuletzt aus Gründen der artgerechten Haltung sinnvoll, Bio-Ware zu kaufen, idealerweise solche aus der Region. Auch die Zusammensetzung von Bio-Fleisch ist eindeutig besser: Unter anderem findet sich bei Bio-Fleisch

ein geringerer Wassergehalt im Muskelfleisch und eine bessere Fettverteilung (Marmorierung) im Muskel, die Tiere weisen einen geringeren absoluten Fettanteil und eine höhere Knochendichte auf, weil sie sich mehr bewegen. Das staatliche Bio-Siegel sieht Mindestmaße für Stallflächen und Freiflächen vor. Es fordert von den Landwirten, die Tiere mit ökologisch produzierten Futtermitteln ohne Zusatz von Antibiotika und Leistungsförderern zu füttern.

Bei der Herstellung einer Fleischbrühe extrahieren wir neben Mineralien und Eiweißen auch Fette, und daher sollten wir noch einen Blick auf die Fettqualität von Fleisch werfen: Bei der heute gebräuchlichen Fütterung von konventionell gehaltenen Rindern mit Kraftfutter aus Mais(silage) und Sojaschrot verschiebt sich beispielsweise der Fettsäuregehalt des Rinderfetts hin zu den für uns Menschen ungünstigen Omega-6-Fettsäuren.

Letztere befeuern entzündliche Prozesse in unserem Körper, die bei vielen degenerativen Erkrankungen und bei Autoimmunerkrankungen ablaufen.

Besser sieht es mit der Fettsäurezusammensetzung aus bei Tieren, die zwar Kraftfutter bekommen, aber auch auf die Weide können. Das ist oftmals bei Tieren der Fall, die in biologischer Landwirtschaft gehalten werden (siehe oben).

Im Vergleich dazu schneiden Rinder, die das ganze Jahr auf der Weide leben und ausschließlich Weidefutter zu sich nehmen, hinsichtlich ihrer Fettqualität noch besser ab: Ihr Fett weist besonders hohe Anteile an Omega-3-Fettsäuren auf. Daher empfehle ich, für Rinder- und Lammfleischbrühen Stücke von mit 100 Prozent Gras gefütterten Tieren zu verwenden. Wenn Sie nicht das Glück haben, in der Nähe eines Züchters und Direktvermarkters zu wohnen, finden Sie im Internet unter dem Suchbegriff »100 Prozent mit Gras gefüttert« zahlreiche Hinweise und Bezugsquellen in Ihrer Nähe oder in der weiteren Umgebung.

FISCH: Wenn es um Zuchtfisch wie Forelle, Saibling, Wels oder Karpfen geht, macht Bio-Ware aus vielen Gründen Sinn. Auch hier wird das Bio-Siegel, wie bei den Schlachttieren und beim Geflügel, nur dann verliehen, wenn die Tiere ausreichend Platz in den Teichen haben und artgerechte Bedingungen vorherrschen, also z.B. schattige Areale im Wasser vorhanden sind. Nach den Kriterien der biologischen Zucht arbeitende Betriebe verzichten außerdem darauf, vorbeugend Antibiotika zu geben. Manche Ökoverbände gehen noch weiter: Naturland beispielsweise bietet Viktoriabarsch an, der unter Berücksichtigung des Umweltschutzes und zu fairen Arbeitsbedingungen für die tansanischen Fischer gefangen wird.

Auch bei Wildfang gibt es eine verantwortungsvolle Alternative: Das MSC – Marine Stewardship Council – hat es sich zur Aufgabe gemacht, nachhaltige Fischerei zu fördern, insbesondere von Seefisch, aber beispielsweise auch von Zander. Die Organisation verleiht ihr MSC-Siegel an Fischereien, die fischen, ohne dass die Bestände zu sehr verringert werden, und die zudem die Umweltstandards einhalten, um den Lebensraum der Fische zu schützen (mehr Informationen unter https://msc.org).

Für Fische, die aus Aquakulturen stammen, gibt es das ASC-Siegel. Das ASC – Aquaculture Stewardship Council – wurde ebenso wie das MSC mitbegründet durch den WWF. Die unabhängige, gemeinnützige Organisation zertifiziert nachhaltiges Management von Aquakulturen und macht mit ihrem Siegel die Verbraucher auf verantwortungsvoll produzierten Zuchtfisch aufmerksam.

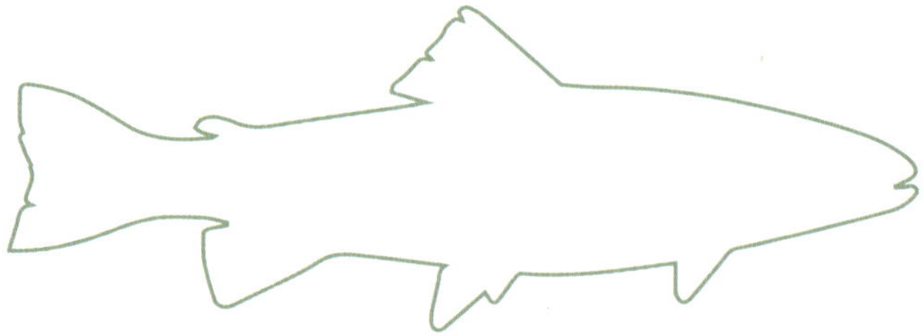

Die Fleischqualität erkennen

Wenn Sie nicht nur Knochen, sondern auch Fleisch für Ihre Brühe benötigen, bevorzugen Sie regionale (Bio-)Ware, gehen Sie zu einem Fleischer ihres Vertrauens und bilden Sie sich selbst ein Urteil über die Fleischqualität.

Allgemein gilt:

- Je jünger das Tier, desto heller die Fleischfarbe.
- Die Oberfläche des Fleischs sollte möglichst trocken sein, niemals schmierig.
- Wenn der Anschnitt sehr feucht ist und sich unter dem Fleischstück Flüssigkeit sammelt – ganz gleich ob an der Frischetheke oder bei abgepacktem Fleisch –, ist das Fleisch qualitativ minderwertig.
- Niemals sollte ein Fleischstück zusammengefallen und weichlich aussehen bzw. sich schwammig anfühlen.
- Frisches Fleisch riecht mild und neutral bis leicht säuerlich. Wenn Fleisch streng riecht, beißend oder auch süßlich, ist es verdorben und muss weggeworfen werden.

RINDFLEISCH

Das Rindfleisch sollte **nicht** nach dem Zerteilen in die einzelnen Stücke des Tiers als ausgelöstes Fleisch ohne Knochen und Fett im Vakuumbeutel eingeschweißt worden sein. Unter diesen Bedingungen, ohne Luft, im Feuchten, arbeiten Milchsäurebakterien auf Hochtouren. Sie bewirken zwar,

dass das Fleisch zarter wird, und hemmen das Wachstum von Verderbsbakterien. Aber sie können auch einen unerwünschten säuerlichen Geschmack des Fleischs verursachen. Darüber hinaus ist diese Art der Fleischreifung verantwortlich für (zu) große Verluste an Fleischsaft während des Anbratens und Garens.

Das Rindfleisch sollte stattdessen trocken gereift sein, also am Knochen abgehangen sein. Und es muss lange genug gereift sein. Dazu bedarf es mindestens zwei, besser drei und maximal fünf Wochen. Und es bedarf eines sehr kühlen und dennoch luftigen Ortes. Ideal sind 1 Grad Celsius Raumtemperatur und leichte Luftbewegung. Es ist wohl einfach zu verstehen, dass sorgfältig trocken gereiftes Rindfleisch wertvoll ist. Gehen Sie darum zum Metzger Ihres Vertrauens, denn Supermarktfleisch wird aus den angeführten Gründen in den meisten Fällen nicht Ihren Ansprüchen an Fleisch für Brühen genügen können.

Doch es gibt noch mehr Kriterien für einen optimalen Fleischgenuss:

Den besten Geschmack hat das Fleisch, wenn es von feinen Fettadern durchzogen ist, denn Fett ist ein natürlicher Aromenverstärker und -entfalter.

Das Fleisch ist nicht hellrot, sondern dunkelrot. Wenn das Fleisch nicht überall gleichmäßig dunkelrot ist, sondern an manchen Stellen oder Flächen eine Graufärbung angenommen hat, ist das Fleisch immer noch genauso gut, das bedeutet nur, dass Luft ans Fleisch gekommen ist, wodurch der rote Blutfarbstoff Hämoglobin oxidiert und seine Farbe zu Grau ändert.

Lassen Sie außerdem Ihre Nase mitarbeiten: Gutes Rindfleisch riecht kaum.

Für **WILDFLEISCH** gilt grundsätzlich das Gleiche wie für Rindfleisch, allerdings ist es in der Farbe oft dunkler rot bis rotbraun.

Frisches **LAMMFLEISCH** ist hellrot.

Frisches **SCHWEINFLEISCH** ist schön rosa und leicht glänzend.

Frisches **GEFLÜGELFLEISCH** ist prall und feucht, die Farbe ist rosa bis gelblich (die Farbe kann variieren je nach Fütterung, das Fleisch ist z. B. gelber, je mehr Mais im Tierfutter war), aber niemals grau. Das Fleisch riecht angenehm.

FISCH

Beim Kauf von Fisch ist neben dem Auge die Nase der allerbeste Ratgeber: Frischer Fisch riecht eben gerade **nicht** fischig oder anders intensiv, sondern angenehm nach Meer oder – bei Süßwasserfisch – neutral. So erkennen Sie bei einem ganzen Fisch, dass er frisch ist: Er hat klare, vorgewölbte Augen und die Kiemen sind, wenn man sie abklappt, innen leuchtend bis mattrot.

Die Fettfrage

Eine Sache ist inzwischen klar: Sie selbst entscheiden über die Inhaltsstoffe Ihrer Brühen, zum Beispiel auch darüber, wie fettreich Ihre fertige Brühe ist. Wenn Sie Fleischbrühe (auch Geflügel oder Wildbrühe) mit Markknochen zubereiten, haben Sie am Ende, nach dem Abseihen, eine gute Menge ausgekochtes Fett mit in Ihrer Brühe.

Wie viel Sie davon behalten möchten, ist Geschmacksfrage und hängt von der weiteren Verwendung der Brühe ab. Wenn man die Brühe im Kühlschrank aufbewahrt, kann man sich bei der Verwendung (auch nur von Teilmengen) recht spontan entscheiden, wie viel man von der obenauf sitzenden festen Fettschicht mit in den Topf gibt. Lassen Sie die Fettschicht für die Lagerung im Kühlschrank jedenfalls erst einmal darauf, das schützt vor Verderbskeimen.

Möchte man die Brühe einfrieren, ist es besser, sie vorab zu entfetten, das spart Platz und Energie.

Wenn man die Brühe einkocht, kann wiederum das Fett drinbleiben. Auch hier einfach beim Öffnen des Glases entscheiden, wie viel des obenauf sitzenden Fetts Sie mitverwenden möchten.

Selbstgemacht schmeckt besser!
Selbst gemachte Brühe ist auch deshalb so schmackhaft, weil sie eine ganze Menge an natürlichen Aromen mitbringt: Zum einen fungiert das enthaltene Fett als Aromaträger, zum anderen finden sich in der Brühe auch Eiweißbausteine, bestimmte Aminosäuren, die als natürlicher Geschmacksverstärker dienen.

Die Zubereitung – Hinweise für die Praxis

Wer Brühe zubereitet, benötigt nur einige wenige geeignete Arbeitsgeräte und Utensilien. Die richtigen Küchenutensilien verbessern das geschmackliche Ergebnis und verhindern eine unnötige Materialschlacht.

Sie benötigen:

- mindestens einen **großen Topf** für ca. 6 Liter Inhalt,
- je ein großes **grobes Sieb** und ein **feines Haarsieb**
- mit einem darunter passenden weiteren **Topf** oder einer **Plastikschüssel** sowie außerdem
- ein **Passiertuch**, mit dem das Sieb ausgelegt werden kann, damit selbst feinste Teilchen beim Durchpassieren herausgesiebt werden können (ersatzweise nehmen Sie ein Baby-Mulltuch oder ein sauberes Geschirrtuch).
- Hilfreich für jede Art von Brühe ist ein **Schaumlöffel.**
- Für aus Brühen hergestellte Cremesuppen ist ein **Pürierstab** bzw. ein **Kartoffelstampfer** nötig.

Der Zeitfaktor

Die Qualität Ihrer Brühe wird beeinflusst von den verwendeten Zutaten, von der Sorgfalt bei der Zubereitung, aber auch von der Zeit, die sie zum Köcheln bekommt. In der aktuellen Brühenliteratur werden teilweise extrem lange Garzeiten von 24 Stunden und mehr angegeben – mit der Begründung, dass auf diese Weise möglichst viele der gesunden Knochenbestandteile und -bausteine in die Brühe übergehen sollen. Mein Rat: Geben Sie ihr so viel Zeit wie nötig, und das heißt für meine Begriffe nicht 24 Stunden, sondern 30 Minuten für Fischbrühe und bis zu vier Stunden für Knochen- und Fleischbrühen. In der Tat zerkochen die Knochen bei noch längeren Garzeiten, sodass die entstandene Brühe dann noch mehr Knochenbausteine enthält. Doch das geht auf Kosten des Geschmacks, der sich nach einigen Stunden des Vor-sich-Hinsimmerns nicht mehr verbessert. Das Beispiel Gemüse zeigt es deutlich: Wird es zu lange mitgekocht, bekommt die Brühe einen bitteren Beigeschmack.

Der Unterschied zwischen Simmern und Kochen

Eine Flüssigkeit, die simmert, ist ganz sanft in Bewegung, die Temperatur der Flüssigkeit liegt nur wenige Grade unter Kochtemperatur: Bei reinem Wasser liegt sie bei etwa 80 bis 95 Grad Celsius. Eine kochende Flüssigkeit ist in starker Bewegung, sie sprudelt, die Temperatur liegt bei reinem Wasser bei ca. 100 Grad Celsius. Eine Brühe enthält immer auch Fett, das erhöht in beiden Fällen die Temperatur um einige Grade.

Die Weiterverarbeitung

Selbst gemachte Brühen können flugs aufgeschlürft werden, einfach ein wenig salzen, vielleicht ein paar Schnittlauchröllchen oder Petersilienschnibbelchen darüberstreuen. Oder Sie peppen Ihre Brühe auf mit allerlei aromatischen Toppings. Rezepte dazu finden Sie auf den Seiten 80 ff.

Auch lecker: Geben Sie statt obendrauf aromatische Dinge direkt in die Brühe hinein, z.B. Gemüse, in ganzen Stücken oder nach Belieben püriert, Ei, kurz garendes Fleisch oder Fisch oder auch herzhaftes Suppenfleisch. Weitere leckere Einlagen sind Klößchen, Reis, Nudeln oder Pfannkuchenstreifen. Sie finden im Rezeptteil viele Anleitungen und Ideen.

Aus Brühen lassen sich auch andere köstliche Gerichte zaubern: Sie können ein schmackhaftes Bad für Kochfleisch werden wie beim Tafelspitz (Rezept Seite 120), sie stellen die Basis für sättigende Eintöpfe dar oder etwa für den Borschtsch (siehe Seite 116). Oder sie sind ein aromaspendender Aufguss wie beim Risotto von Seite 119.

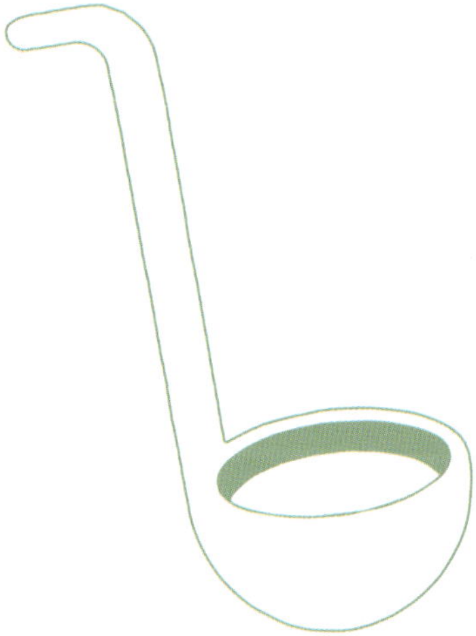

Die Aufbewahrung: Brühen-Vorratsküche

Das Gute an der Brühe: Sie lässt sich in großen Portionen auf Vorrat herstellen. Und sie liefert, einmal gekocht, viele warme Express-Mahlzeiten. Sie hält sich im Kühlschrank mehrere Tage. Und man kann sich jeden Tag eine Portion davon abzwacken, etwa als kräftigende Büromahlzeit, aufgepeppt mit Einlagen nach Wahl (siehe ab Seite 68 ff.).

Oder Sie gefrieren sich einen Vorrat ein. Dazu kann man die Brühe nach Wunsch auch erst einmal reduzieren, also durch Einkochen konzentrieren. Das bringt mehr Geschmack bei weniger Volumen und lässt Platz im Gefriergerät für andere Dinge. Eine solchermaßen konzentrierte Brühe kann als Aromabasis für Saucen und Eintöpfe verwendet werden oder natürlich – mit Wasser entsprechend verlängert – als schmackhafte Trinkbrühe.

In jedem Fall müssen Sie Ihre Brühe vor dem Einfrieren (wie auch vor dem Lagern im Kühlschrank) vollständig abkühlen lassen.

Dann können Sie sie

- in Gefrierbehälter füllen oder
- in Gefrierbeutel füllen, die in Gefrierbehältern liegen.

So gibt es praktische Brühe-Blöcke, die sich platzsparend stapeln lassen. Und Sie brauchen nicht so viele Gefrierdosen, denn die stehen gleich wieder zur Verfügung, sobald die Brühe nach einigen Stunden durchgefroren ist. Um Brühe in Form zu bringen, brauchen Sie noch nicht einmal gefriergeeignete Plastikbehälter. Sammeln Sie zum Beispiel ein paar 500-Gramm-Joghurtbecher, dann können Sie Brühe in Gefriertüten darin zu zylinderförmigen Blöcken gefrieren. Ich habe auch schon leere Milchkartons verwendet: die leeren Behälter um ein Drittel der Länge kürzen, auswaschen, mit einem Gefrierbeutel auslegen, die Brühe einfüllen, fertig.

Stark reduzierte Brühe können Sie in Eiswürfelbehältern gefrieren und die Würfel, wenn sie durchgefroren sind, in Gefrierbeuteln sammeln. Oder Sie verwenden Eiswürfel-Beutel. Brühe-Eiswürfel sind einzeln entnehmbar und aromatisieren Saucen ganz nach Bedarf.

Oder Sie kochen Ihre Brühe in Twist-off-Gläsern ein. Für Brühe eignen sich am besten Twist-off-Gläser mit einem Inhalt von ca. 500 Millilitern. Geeignet sind beispielsweise Joghurtgläser oder auch Sahne-Glasflaschen.

Zur Vorbereitung: Den Backofen auf 150 Grad Celsius vorheizen. Gläser und Deckel mit Wasser und Spülmittel spülen, abbrausen, dann die Gläser umgekehrt auf den Rost im heißen Backofen stellen bzw. (die Deckel) legen und für 10 bis 15 Minuten im heißen Ofen sterilisieren. Ein nasses Tuch auf der Arbeitsfläche ausbreiten, die Gläser und Deckel aus dem Backofen heben (z.B. mit einem Backhandschuh), die Gläser mit der Öffnung nach oben auf das Tuch stellen. Backofenhitze auf 180 Grad Celsius erhöhen, Rost aus dem Ofen nehmen, auf der unteren Schiene ein tiefes Backblech einschieben. Die kochend heiße Brühe in die Gläser füllen, bis etwa 2 Zentimeter unter den Rand des Glases. Die Gläser mit den Deckeln fest verschließen. Wasser im Wasserkocher aufkochen und etwa einen Fingerbreit hoch auf das Backblech gießen. Die Gläser mit Abstand voneinander auf das Blech stellen, die Brühe im heißen Ofen 45 Minuten einkochen. Die Gläser aus dem Backofen nehmen und auf einem nassen Tuch stehend abkühlen lassen. Dann können Sie die Gläser im Vorratsschrank oder in der Speisekammer bei Zimmertemperatur, aber am besten dunkel, aufbewahren.

Eine auf diese Weise eingekochte Brühe ist monate- und bei absolut sauberem Arbeiten sogar jahrelang haltbar. Machen Sie in jedem Fall bei jedem geöffneten Glas erst eine Geruchs- und Geschmacksprobe, bevor Sie die Brühe verwenden. Ob eine Brühe verdorben ist können Sie leicht an deren untypischem Geruch und Geschmack erkennen, z.B. sauer, modrig oder faulig-süßlich. So stellen Sie sicher, dass Sie sich nicht eine ganze Mahlzeit verderben. Verwenden Sie eingekochte Brühe auch dann auf keinen Fall mehr, wenn der Deckel sich ohne zu ploppen leicht öffnen lässt.

Magischer Mythos

Manche Gerüchte halten sich hartnäckig, vor allem, wenn es ums Essen geht. Spinat ist eine hervorragende Eisenquelle, nach Kirschen soll man kein Wasser trinken, sonst droht das große Grummeln im Bauch, man muss Fett meiden, um abzunehmen, und wenn man einen hohen Cholesterinspiegel hat, sollte man um Eier tunlichst einen großen Bogen machen – all diese Gerüchte werden wacker von Eltern und Erziehern an die nächste Generation weitergegeben, und manchmal auch von Ärzten angemahnt. Wahrer werden sie dadurch leider nicht.

Wie sieht's aus mit der guten alten Brühe? Wie ein Schwarm Fliegen umkreist den Suppentopf die Legende, Brühe enthalte besonders viel vom Eiweißbaustein Kollagen. Dass dies nur der halben Wahrheit entspricht, sei an dieser Stelle schon verraten, dazu später mehr (siehe Seite 36). Und sonst? Nun, da wäre noch die Sache mit dem Kochen und dem Simmern …

STIMMT'S ODER STIMMT'S NICHT?

Beim Simmern einer Brühe bleiben bestimmte Nährstoffe besser erhalten als beim sprudelnden Kochen. Zerstört werden dabei z. B. die wertvollen Omega-3-Fettsäuren, Vitamine und Kollagen.

DIE ANTWORTEN IM EINZELNEN:

Ändert Simmern statt Kochen etwas am Gehalt an Omega-3-Fettsäuren in einer Brühe?
Omega-3-Fettsäuren kommen über das Fleischfett bzw. das Knochenmark von Wildtieren und Tieren aus Weidehaltung, die ausschließlich mit Weidefutter gefüttert wurden, in die Brühe. Diese mehrfach ungesättigten, wertvollen Fettsäuren halten Kochtemperatur ohne Weiteres aus. Erst hohe Brattemperaturen führen zur Zerstörung.

Ändert Simmern statt Kochen etwas am Vitamingehalt einer Brühe?
Vitamine sind entweder hitzeempfindlich oder nicht, aber für die hitzeempfindlichen macht es wenig Unterschied, ob das Wasser 80 oder 100 Grad Celsius heiß ist. Diese Vitamine werden bereits bei tieferen Temperaturen zerstört. Die hitzetoleranten Vitamine (Vitamin A, D, E, K sowie einige B-Vitamine) halten auch Kochtemperaturen aus. Aber: Sprudelndes Kochen kann auch bei den hitzetoleranten Vitaminen durchaus zu Verlusten führen. Denn manche von ihnen sind sauerstoffempfindlich. Sprudelndes Kochen bringt Sauerstoff in die Brühe, Simmern nicht.

Ändert Simmern statt Kochen etwas am Kollagengehalt einer Brühe?

Nein, denn in der Brühe ist kein Kollagen enthalten, sondern Gelatine. Kollagen ist nur in den Ausgangsmaterialien für eine Brühe enthalten (Knochen, Knorpel, Gelenke, Haut). Der Gehalt an Gelatine ändert sich nicht durch sprudelndes Kochen.

Warum dann Simmern?

Alle sind sich einig – Kochprofis wie Laien, die sich an Traditionsrezepte halten – eine gute Brühe darf nicht sprudelnd kochen. Warum eigentlich?

Der Vorteil des Simmerns liegt darin, dass die Brühe klarer bleibt. Die Brühe ist beim Simmern sehr ruhig, sie wallt nur sanft vor sich hin. Anders als beim sprudelnden Kochen steigen keine Dampfblasen auf, die das Gargut durchmischen würden und Eiweißstoffe von den Knochen bzw. vom Fleisch losreißen und diese dann, von der Unruhe in der Flüssigkeit in kleinste Teilchen zerrissen, in der Brühe umherwirbeln. Solche winzigen Teilchen können später auch nicht mit einem Passiertuch aufgefangen werden, sie flutschen einfach durch.

Das leise Vor-sich-hin-Simmern und wesentlich auch das langsame (!) Aufkochen einer Brühe bewirken, dass Eiweiß aus dem Fleisch, während es nach und nach durch die Hitze zu fadenartigen Strukturen gerinnt, am Fleisch hängen bleibt. Es verbleibt dann während der Kochzeit entweder ganz dort oder löst sich nach einer Weile als relativ großer Faden bzw. Knäuel, der sich beim langsamen Aufsteigen in der Flüssigkeit weiter mit anderen Schwebteilchen verbindet, dabei immer größer wird und schließlich an die Oberfläche steigt. Die auf diese Weise entstehende schaumige Schicht kann nun mühelos mit einem Sieblöffel abgeschöpft werden.

Im Idealfall findet dieser Vorgang – Eiweiß gerinnt zu langen Ketten, steigt auf und verbindet sich dabei mit weiteren Eiweißketten, sammelt sich auf der Oberfläche der Brühe – nur einmal statt, und zwar am Anfang der Garzeit, wenn die Brühe nach und nach erhitzt wird und ihre Endtemperatur erreicht. Schöpft man den Schaum dann sorgfältig ab, bleibt eine klare Brühe zurück, die sich auch nicht mehr wieder eintrübt.

MAGIE ZUM LÖFFELN

Manchen mutet es magisch an, wenn er über die möglichen heilenden Wirkungen von handwerklich hergestellten Brühen hört. In diesem Kapitel entzaubern wir diese Heilkräfte ein wenig: Indem wir sie beim Namen nennen, all die gesunden Stoffe aus Fleisch, Fisch, Gemüse und Würzzutaten. Sie verwandeln simples Wasser über die Stunden des Köchelns hinweg in eine so schlichte wie schmackhafte, gesunderhaltende und heilsame Nahrung. Magisch bleibt dennoch immer wieder, dass die Heilkraft von Brühe auch etwas mit ganz anderen Zutaten zu tun hat: mit Hingabe (beim Kochen) und Zuwendung (demjenigen, für den man kocht) und mit Gemeinsamkeit (beim Essen).

Gutes in Wasser gelöst

Brühen schmecken nicht nur gut, sie versorgen uns auch mit einer Menge wertvoller Inhaltsstoffe. Dazu gehören Eiweißbausteine, Mineralien, Vitamine und einige weitere Stoffe, die wir für unsere Knochen und Gelenke benötigen. Hier die Details:

GELATINE (aus Kollagen): Kollagen kommt im menschlichen Körper unter allen Proteinen am häufigsten vor. Bindegewebe inklusive Knochen und Haut enthalten reichlich davon. Kollagen ist ein komplexes Eiweiß, bestehend aus mehreren Hundert bis zu tausend einzelnen Bausteinen, sogenannten Aminosäuren. Man kann es sich geschraubt, in mehreren Strängen zu Kordeln gewickelt und vielfach quervernetzt vorstellen. Nur so kann es seine feste und festigende Struktur bekommen, mit der es in unserem Körper für so vieles wichtig ist. Die Struktur der kollagenhaltigen Fleisch- und Knochenstücke im Topf beginnt sich ab einer Temperatur von knapp 70 Grad Celsius nach und nach aufzulösen. Das Kollagenfasergeflecht zerfällt immer mehr, man sagt in der Fachsprache: Das Kollagen denaturiert. Es wird im Verlauf des Kochvorgangs zu Gelatine abgebaut. Dieser Vorgang ist unumkehrbar. Das bedeutet: Selbst wenn die Brühe abkühlt, verwandelt sich die Gelatine nicht wieder zu Kollagen. Dennoch enthält Gelatine genau dieselben Bausteine (Aminosäuren) wie ihr Ausgangsprodukt Kollagen. Genauer gesagt enthalten Kollagen und Gelatine 18 von 21 im menschlichen Körper vorkommenden Einzelbausteinen (Aminosäuren), darunter acht von neun Aminosäuren, die im Körper nicht selbst hergestellt werden können. Diese müssen also unbedingt regelmäßig über die Nahrung aufgenommen werden.

Mit Gelatine aus Knochen- und Fleischbrühe versorgen wir unseren Körper mit reichlichen Mengen an Bausteinen für neues Kollagen. Und tun damit nicht nur unseren Knochen und Gelenken etwas Gutes, sondern auch Haut, Haaren und Nägeln. Allerdings wird die Gelatine nicht eins zu eins aus der Nahrung an die benötigten Stellen im Körper transportiert. Während der Verdauung wird Gelatine in ihre einzelnen Aminosäurenbausteine zerlegt, unser Körper muss diese für eigene Strukturen wieder neu zusammensetzen.

Die **AMINOSÄURE GLYCIN,** in der Lebensmittelindustrie als Geschmacksverstärker eingesetzt, ist in Fleischbrühen einfach natürlicherweise enthalten. Glycin kann mehr als nur den Geschmack verbessern: Die Aminosäure wird in unserem Körper z.B. als Baustein von Kollagen benötigt, ist an der Reizweiterleitung im Nervensystem beteiligt und dient als Bausubstanz für Bestandteile unseres Erbguts. Außerdem wird sie für die körpereigene Herstellung von roten Blutkörperchen verwendet und von Kreatin, das wir für die Versorgung unserer Muskeln mit Energie benötigen. Glycin ist darüber hinaus Bestandteil von Glutathion, das die Zellen vor Angriffen schützt, indem es aggressive freie Radikale unschädlich macht, und das bei der Entgiftung, der Ausscheidung von schädlichen Stoffen über die Niere, mithilft.

CHONDROITINSULFAT aus den in der Brühe verwendeten Knorpelteilen stärkt auch unsere eigenen Knorpel, genauer gesagt erhöht es die Widerstandsfähigkeit gegen Druckbelastungen. Das Makromolekül wird nachgewiesenermaßen zu einem großen Teil im Ganzen durch die Darmwand befördert. So kann es in unser eigenes Knorpelgewebe eingebaut werden.

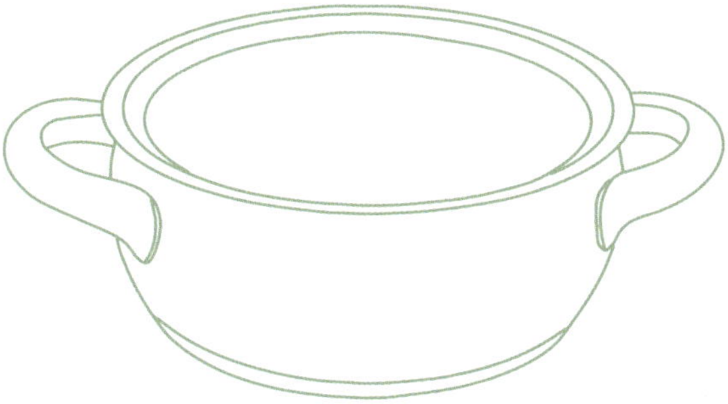

Auch **GLUCOSAMIN** ist ein Bestandteil von Knorpel, Gelenken, Bändern und Sehnen – in unserem Körper wie auch im Körper der für unsere Brühen verwendeten Tiere. Wenn wir knorpel- und bindegewebsreiches Fleisch auskochen, löst sich auch Glucosamin. So können wir, wenn wir regelmäßig mit tierischen Ingredienzien zubereitete Brühe schlürfen, auf genussvolle Art etwas für die Gesunderhaltung unserer Gelenke tun. Im besten Fall – die Studien zu diesem Thema liefern noch keine eindeutigen Ergebnisse, nur einzelne Hinweise – tragen wir dazu bei, dass sich geschädigte Knorpel wieder regenerieren.

In Brühen sind **gesunde Fette** enthalten. Darum lassen Sie Ihren selbst gekochten Brühen mindestens ein bisschen vom ausgekochten Fett aus Knochen und Fleisch. Es finden sich darin unter anderem **ÖLSÄURE** (im Mark) und **OMEGA-3-FETTSÄUREN** (im Fleischfett) – letztere aber nur, wenn es sich um Tiere, handelt die ausschließlich weidegefüttert sind (siehe auch Seite 21 f.). Ölsäure ist nachgewiesenermaßen wichtig für gesunde Adern und ein gesundes Herz, denn sie trägt dazu bei, dass der Spiegel des gefäßschädigenden LDL-Cholesterins sinkt. Auch in Gemüsebrühe ist Ölsäure enthalten, sie stammt aus dem zugefügten Raps- oder Olivenöl. Omega-3-Fettsäuren sind bei entzündlichen Prozessen im Körper immer mit im Spiel, und zwar indem sie Entzündungen lindern, wohingegen Omega-6-Fettsäuren zu den stark entzündungsfördernden Stoffen zählen. Beide Omega-Fettsäuren sind hochreaktive mehrfach ungesättigte Fettsäuren, die wir über die Nahrung zu uns nehmen müssen, weil sie unser Körper nicht selbst herstellen kann. Sie sind Baumaterial für wichtige und unverzichtbare Botenstoffe in unserem Körper. Wir benötigen nur geringe Mengen dieser Fettsäuren und sollten Quellen für Omega-3-Fettsäuren besonders auf unserem Speiseplan berücksichtigen. Damit können wir dem gesundheitsschädlichen, Entzündungen und degenerative Krankheiten fördernden Überhang an Omega-6-Fettsäuren in unserer modernen westlichen Ernährung entgegenwirken.

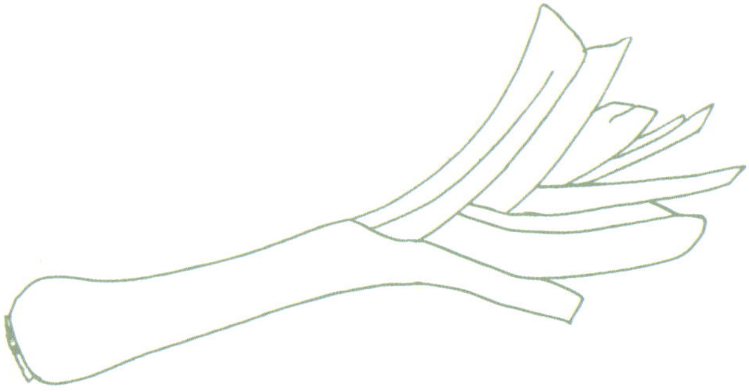

Keine Angst vor Knochenmark

Wenn Sie bei Knochenmark an die gefährliche Krankheit BSE denken, dann ist diese Assoziation ganz richtig. Doch unsere Brühen sind sicher und gesund, denn wir verwenden kein Knochenmark aus dem Rücken, das als Risikomaterial gilt. Dieses darf im Übrigen in Deutschland auch gar nicht verkauft werden. Für Brühen werden Beinscheiben bzw. gesägte Röhrenknochen der Beine verwendet.

In dem überwiegend aus Fett bestehenden Knochenmark von Rindermarkknochen überwiegt die einfach ungesättigte Ölsäure, die nachgewiesenermaßen positive Auswirkungen auf das Herz-Kreislauf-System hat.

Schön und stark – Brühe liefert Gutes für Haut und Knochen

Knochen und Fleisch sowie Fisch und Meeresfrüchte reichern eine Brühe mit **PHOSPHOR** und **KALZIUM, MAGNESIUM, KALIUM, SCHWEFEL** und **ZINK** an. Das sind *die* Mineralien, die wir für unsere eigenen starken Knochen benötigen ebenso wie für eine schöne, straffe Haut. Doch das schafft die Brühe nicht ganz allein: Zentrale Bedeutung hat in diesem Zusammenhang Vitamin D. Ohne dieses Vitamin könnte das Kalzium nicht zum Knochen gelangen, und der Haut würde ein weiterer Schönheitsfaktor fehlen: Denn Vitamin D wirkt bremsend auf Alterungsprozesse. Ist ausreichend Vitamin D vorhanden, trägt es dazu bei, die Haut vor Schädigungen, etwa durch UV-Strahlen zu bewahren.

Um an ausreichend Vitamin D zu gelangen, empfehlen Experten tägliche Bewegung im Freien bei Tageslicht. Mit Hilfe der auf die Haut auftreffenden UV-Strahlung kann unser Körper dann das Vitamin D selbst herstellen. Es reichen schon etwa 20–30 Minuten draußen, vorausgesetzt, sie sind nicht zu stark »vermummt«, so dass die UV-Strahlung erst gar nicht durchkommt auf Ihre Haut.

Im Winter allerdings steht die Sonne zu tief in unseren Breiten, die Strahlung ist nicht mehr ausreichend stark. Jetzt helfen Vitamin-D-reiche Nahrungsmittel, vor allem fettreicher Seefisch wie Matjes, Makrele, Lachs, damit sie auch im Winter von den knochenstärkenden und hautglättenden Eigenschaften Ihrer Brühen bestens profitieren können.

Sonne nährt die Knochen

Unverzichtbar für starke Knochen ist Vitamin D. Denn ohne dieses Vitamin wird im Darm nur wenig Kalzium aus der Nahrung aufgenommen und so kann der Knochen kein Kalzium einbauen. Da nützt also die ganze gute kalziumreiche Knochenbrühe nichts, wenn wir nicht regelmäßig an die frische Luft gehen. Und zwar bei Tageslicht! Es muss gar kein stundenlanges Sonnenbad sein. Mit täglich einer halben Stunde draußen im Hellen tragen Sie bereits einiges dazu bei, Ihre Knochen lange gesund zu erhalten.

Fleischbrühen enthalten **VITAMIN B2,** Riboflavin genannt. Geflügelbrühen sowie Brühen mit frischen Pilzen als Einlage und solche mit Hülsenfrüchten versorgen uns mit **VITAMIN B3,** Niacin. Beides sind Schlüsselvitamine für schöne, gesunde Haut. Und das gleich in mehrfacher Hinsicht: Sie werden benötigt, damit im Stoffwechsel Energie aus den Hauptnährstoffen freigesetzt werden kann. Und nur so kommt Bewegung in den Stoffwechsel, können fleißig nützliche Stoffe an- und Abbauprodukte abtransportiert werden. Auch in der Haut findet dann ein solch reger Stoffwechsel statt. Zu ihrem Vorteil. Sie kann schneller regenerieren und altert nicht so schnell. Die große Bedeutung dieser beiden B-Vitamine für die Haut erkennt man gut an den Zeichen eines Mangels: Bei zu wenig Vitamin B2 und B3 werden Schleimhäute wund, wird die Haut schuppig.

Eine äußerst wichtige Ergänzung für die genannten Brühen-Vitalstoffe ist **VITAMIN K.** Es ist gleichermaßen im Knochenstoffwechsel wie auch für den Stoffwechsel des übrigen Bindegewebes wichtig. Vitamin-K-Mangel ist ein Risikofaktor für Osteoporose. Kochen Sie Ihre Suppe daher öfter mit Vitamin K-reichem Kohlgemüse wie Rosenkohl oder ergänzen Sie Schnittlauch oder reichen Sie Kalbsleberklößchen als Einlage. Essen Sie regelmäßig Dashi-Brühe, sie enthält Vitamin-K-reichen Seetang.

Bewegung nährt die Knorpel!

Wenn wir regelmäßig Knochen-, Fleisch- und Fischbrühen essen, können wir sicherstellen, dass viele wichtige Bausteine für unsere Knochen und Knorpel im Körper vorhanden sind. Wir haben sie mit der Suppe aufgelöffelt.

Damit diese Bausteine wie Aminosäuren, Mineralien, Phospholipide, Chondroitin, Glucosamin aber auch in Knochen und im Knorpel ankommen, bedarf es noch einer zweiten Komponente. Die heißt: Bewegung.

Der Knochenstoffwechsel wird angeregt durch Bewegung. Wenn wir sportlich aktiv sind, bedeutet das für unsere Knochen einen Wechsel von Be- und Entlastung. Beim Rudern genauso wie beim Fußballspielen, beim Mountainbiken genauso wie beim Power-Yoga. Und genau dieser Wechsel von Belastung und Entlastung setzt Reize für den Knochen, sich zu verdichten und (wieder) mehr Masse zu bilden. Dazu wird eine Menge an Kalzium benötigt, das wir regelmäßig über die Nahrung aufnehmen müssen, unter anderem über Brühen, in denen Knochen ausgekocht wurden. Denn unsere Knochen bestehen zu knapp 50 Prozent aus Kalzium.

Doch wie gelangen die Knochen- und Knorpelnährstoffe an ihren Wirkungsort? Der Knochen wird über die ihn umgebende Knochenhaut ernährt: Sie ist von Blutgefäßen durchzogen, über die die Nährstoffe an den Knochen herantransportiert werden können.

Knorpel dagegen werden nur passiv ernährt – von der sie umgebenden Gelenksflüssigkeit und den darin enthaltenen Stoffen. Bewegung, etwa beim Joggen oder bei der Fitnessgymnastik, führt an den Knorpelflächen zu Reibung sowie zu einem Wechsel zwischen Druck und Entlastung. Das fördert die Diffusion von Nährstoffen in den Knorpel hinein sowie die von Stoffwechselprodukten aus dem Knorpel heraus. Wenn wir uns nur wenig bewegen, verlangsamt sich dieser Austausch von Stoffen an den Knorpelflächen, der Knorpel ist nur schlecht ernährt und bleibt mit schädlichen Abbaustoffen belastet.

Medizin aus der Suppenschüssel

Es sind nicht nur Mineralien und Vitamine, die Brühen so wertvoll machen. Über Gewürze, Kräuter und auch das mitgegarte Gemüse gelangen darüber hinaus eine Vielzahl an sekundären Pflanzenstoffen in die Brühe. Dabei handelt es sich um Stoffe, die zunächst den Pflanzen als Abwehrstoffe oder auch Wachstumsregulatoren dienen. Zu deren vielfältigen positiven Wirkungen im menschlichen Körper wird seit einigen Jahrzehnten geforscht. So weiß man heute, dass es unter anderem sekundäre Pflanzenstoffe gibt, die bakterientötend wirken oder stoffwechselanregend oder auch entzündungshemmend. Manche fördern die Verdauung, wirken harntreibend und damit entgiftend. Andere unterstützen körpereigene Reparaturprozesse. Mit Gewürzen und Kräutern in Ihren Fleisch- und Fischbrühen tun Sie also nicht nur Ihrer Nase und Ihrem Geschmackssinn etwas Gutes, sondern auch Ihrer Gesundheit. Und auch mit jeder Schüssel Gemüsesuppe gibt's eine Extraportion der (wieder) vital machenden sekundären Pflanzenstoffe.

Doch Abwechslung soll sein in der Suppenküche und auch wenn es darum geht, die Gesundheit zu erhalten bzw. wiederzuerlangen.

Darum wenden wir uns nun noch von der Gemüsebrühe hin zur Hühnerbrühe, der man immer schon magische medizinische Wirkungen nachgesagt hat. Viel ist über die Gründe geforscht worden und daher können die Fachleute heute viele der heilsamen Wirkungen erklären: So ist beispielsweise Cystein mit beteiligt. Diese Aminosäure hat unter anderem eine schleimlösende Wirkung. Fleisch, insbesondere Geflügelfleisch, enthält in seinem Eiweiß vergleichsweise große Mengen an Cystein. Darüber hinaus kurbelt Cystein körpereigene Abwehrprozesse an, indem es die Aktivität derjenigen Zellen steigert, die geschädigte Zellen vernichten. Des Weiteren ist Cystein Ausgangsstoff für Taurin und Glutathion, die beide in unserem Körper als potente Antioxidantien wirken, das heißt, sie können zellschädigende freie Radikale neutralisieren.

Und auch die Wärme ist Medizin: Ja, heiß dampfend soll eine Brühe sein, wenn man sie als Mittel gegen Erkältung schlürft. Der Dampf, der in die Nase steigt, macht die Schleimhäute frei. Die Wärme löst den Schleim auch innerlich. Und es kommt noch viel besser: Die Hitze von Dampf und Suppe wirkt unmittelbar gegen Erkältungsviren. Hitze inaktiviert sie, indem sie sie zerstört. Natürlich nicht alle auf einmal. Auch darum macht es bei einer akuten Erkältung mit Schnupfen Sinn, alle paar Stunden einen Teller voll heißer Suppe zu löffeln.

Manches bleibt aber dennoch magisch an der heilenden Hühnerbrühe: Sie kann noch ganz andere Wehwehchen und manchen Jammer mindestens lindern, sei es Kopfschmerz, sei es Herzschmerz. Weil das warme Süppchen einen so wohlig durchwärmt. Und weil das Brühchen extra für den Kranken bereitet wurde. Mit Muße, mit Liebe.

Brühen als Heilmittel rund um die Welt

Sowohl in der westlichen alternativen und ganzheitlichen Heilkunde als auch in der Volksmedizin sowie in der (fern-)östlichen Heilkunde werden Brühen als Stärkungs- und Genesungsmittel genannt. Bedeutende Mediziner haben bereits im 18. Jahrhundert für geschwächte Patienten Fleischbrühen empfohlen: wegen der mannigfaltigen gesundheitsfördernden Inhaltsstoffe, aber auch wegen der guten Bekömmlichkeit, der nur geringen Belastung des Magen-Darm-Trakts bei der Verdauung einer Brühe und nicht zuletzt der Energie, die Brühen durch das enthaltene Fett liefern.

In der traditionellen chinesischen Medizin (TCM) zählen Kraftbrühen, zubereitet nach den Regeln der 5-Elemente-Ernährung, zu den wirksamsten Heil-Speisen. Hühner- und Rinderkraftbrühe gelten dabei vor allem als abwehrstärkend, als insgesamt stärkend und wärmend. Gemüsekraftbrühe fördert unter anderem wirksam die Entgiftung und wirkt verdauungsanregend.

In allen Regionen mit traditioneller Viehhaltung gibt es Fleischbrühen, in allen Regionen, in denen sich die Menschen von je her von Fisch und anderen Tieren aus den Meeren, Flüssen oder Seen ernährten, gibt es Fischbrühen und -suppen. Und überall dort schwört immer auch die Volksheilkunde auf Brühen zur Stärkung und schnelleren Heilung.

REZEPTE

BASIS-BRÜHEN UND -FONDS

Hier sind sie, die Brühen, die einen in die Suppenküche bringen, mit denen ein jeder seine ersten Versuche macht. Mit denen so mancher vielleicht das eine oder andere Mal auch Lehrgeld zahlt – das Wasser doch zu wild kochen lässt oder den Zutaten zu wenig Zeit zum Ausköcheln gibt.
In diesem Kapitel finden Sie außerdem eine Menge an hilfreichen Tipps zur Brühen-Küchenpraxis. Wundern Sie sich nicht, wenn es Sie packt und Sie gar nicht mehr heraus möchten aus der Suppenküche.
Weil Ihnen die Basisbrühen zu einem Sesam-Öffne-Dich in die ganze magische Welt der flüssigen Speisen geworden sind.

KLASSISCHE RINDFLEISCHBRÜHE

extragutes Fleisch als Garant für alle guten Brühen

ZUTATEN:

1 kg Rinderknochen mit Fleisch (vom Hals und von der Querrippe), vom Metzger klein gehackt

1 große Möhre

1 kleine Petersilienwurzel (30–40 g)

1 Stück Sellerie (ca. 80 g)

1 Stück Lauch (ca. 60 g)

1 Zwiebel

einige Stängel Petersilie

Blattgrün von einigen Stängeln Staudensellerie

1 Stängel Liebstöckel

einige Zweige Thymian (nach Belieben)

1 TL Pfefferkörner

Ergibt ca. 2 Liter
Zubereitungszeit: ca. 2 ½ Stunden

ZUBEREITUNG:

1 Die Knochenstücke unter kaltem Wasser gründlich abwaschen und so von Blutresten und Splittern befreien. In einen Suppentopf legen und mit gut 2 Liter kaltem Wasser ansetzen.

2 Das Wasser bei mittlerer Hitze aufkochen lassen, aufsteigenden Schaum und Trübstoffe immer wieder mit dem Schaumlöffel abschöpfen. Sobald das Wasser wallt, die Hitze zurückschalten, die Brühe darf nicht stark kochen.

3 Inzwischen das Gemüse vorbereiten: Möhre und Petersilienwurzel waschen und putzen. Sellerie schälen. Lauch putzen, längs aufschlitzen und unter fließendem Wasser waschen, dabei die einzelnen Lagen aufblättern. Das Gemüse in grobe Stücke schneiden.

4 Von der Zwiebel nur die äußerste Lage der getrockneten Schalen entfernen, die Zwiebel waschen, am Wurzelende nachschneiden und halbieren. Nach Belieben bräunen (siehe gegenüberliegende Seite). Zwiebel und Gemüse in die Brühe geben. Die Kräuter bzw. das Grün waschen, ebenfalls zugeben.

5 Die Brühe noch 2 Stunden weitersimmern lassen. Dann durch ein mit einem Passiertuch ausgelegtes Sieb gießen. Erst vor dem Servieren mit Salz abschmecken.

TIPP:
Was nicht sofort gebraucht wird, ungesalzen lassen und im Kühlschrank aufbewahren, einkochen oder einfrieren (siehe die Hinweise auf Seite 30 f.).

Knochen bzw. Fleisch vorab blanchieren?

Profiköche lernen, dass man die Knochen vor dem Kochen blanchiert, um Blutreste und trübendes Eiweiß loszuwerden. Das ist erstens aufwendig und schwemmt zweitens auch gute Inhaltsstoffe aus dem Knochen bzw. dem Fleisch mit in den Ausguss. Ich blanchiere die Knochen daher nicht, sondern versuche durch möglichst behutsames Aufkochen und häufiges, sorgfältiges Abschäumen zu erreichen, dass die Brühe möglichst klar bleibt. Wichtig ist auch, dass Sie den Schaum immer dann abnehmen, wenn er gerade nach oben gestiegen ist, sonst zerkocht er durch die andauernde Bewegung in der Flüssigkeit in feinste Stückchen und trübt die Brühe. Ganz wichtig ist auch, dass die Brühe wirklich nur leise simmert, das heißt das Wasser keinesfalls wild blubbert während der Garzeit, sondern sich nur sanft wallend bewegt.

Zwiebel bräunen: Dazu wird die Zwiebel lediglich von der äußersten trockenen Haut befreit, denn bereits die getrockneten Schalen geben einer Brühe eine schöne goldgelbe Farbe. Die Zwiebel dann quer halbieren und in einer beschichteten Pfanne oder direkt auf einem Stück Alufolie auf der heißen Kochstelle bräunen. Das bringt der Brühe eine kräftigere Farbe und (durch die entstandenen Röstaromen) einen hervorragenden Geschmack. Für eine Menge von 2 Litern Brühe reicht es, eine Zwiebelhälfte – nicht zu stark – zu bräunen. Die andere Hälfte bleibt ungebräunt. Für 5 Liter Wasser kann man beide Hälften stark, das bedeutet fast schwarz, bräunen.

DUNKLE KALBSKNOCHENBRÜHE

mit aromatischen Röstaromen

ZUTATEN:

2 kg Kalbsknochen (Markknochen und Gelenkknochen, vom Metzger klein gehackt)

ca. 3 EL Öl

2 Knoblauchzehen

300 g Schmorgemüse (Möhre, Zwiebel, Staudensellerie)

2 Tomaten

1 EL Tomatenmark

½ Liter Rotwein (nach Belieben auch mehr)

3 Stängel Thymian

3 Stängel Petersilie

1 Lorbeerblatt

1 EL schwarze Pfefferkörner

Ergibt ca. 1,5 Liter
Zubereitungszeit:
ca. 4 ½ Stunden

TIPP:
Den Fond noch weiter reduzieren, bis er sirupartig wird. Dann geliert er beim Abkühlen vollständig. Dieses Kalbsgelee ist ideal für die Herstellung von Saucen zu Fleisch und Geflügel; es reichen jeweils ein bis zwei Esslöffel.

ZUBEREITUNG:

1 Backofen auf 180 °C vorheizen (Ober-/Unterhitze), Rost mittig einschieben. Knochen in einer Bratreine verteilen, ca. 3 EL Öl darüberträufeln. Die Knochen im Ofen ca. 30 Minuten rösten.
Inzwischen den Knoblauch (ungeschält) andrücken. Schmorgemüse waschen, putzen (getrocknete Schale kann an der Zwiebel dranbleiben) und in grobe Stücke schneiden. Vom Sellerie Blätter zurückbehalten.

2 Nach ca. 30 Minuten die Knochen umwenden und das Gemüse über die Knochen geben, ohne zu wenden 20 Minuten rösten. Inzwischen die Tomaten waschen und klein schneiden, mit dem Tomatenmark zum Gemüse geben, das Ganze weitere 15 Minuten rösten.
Alles umwenden, etwa ein Drittel vom Rotwein angießen, den Bratensatz lösen und alles weiterrösten, bis der Wein verdampft ist. Ein weiteres Drittel vom Wein angießen, unter Umwenden den Bratensatz lösen, den Wein dann verdampfen lassen. So auch mit dem restlichen Wein verfahren.

3 Den Inhalt der Reine in einen großen Topf umfüllen. Die Kräuterstängel, zurückbehaltene Sellerieblätter, das Lorbeerblatt sowie den Pfeffer zugeben. 4 Liter kaltes Wasser zugießen, bei mittlerer Hitze offen aufkochen und offen mindestens 3 Stunden leise köcheln lassen. Die Brühe durch ein mit einem Passiertuch ausgelegtes Sieb gießen.

REINE KNOCHENBRÜHE

das Beste aus dem Knochen zum Löffeln

ZUTATEN:

1 kg Knochen vom Rind oder Kalb, vom Metzger gesägt

2,5 Liter kaltes Wasser

Ergibt ca. 1,5–2 Liter
Zubereitungszeit: 2–4 Stunden

TIPP:
Am besten verwenden Sie Mark- und Sandknochen bzw. Gelenkknochen gemischt. Mit Markknochen allein wird die Brühe allzu fettreich.

ZUBEREITUNG:

1 Markknochen in einen großen Topf geben, mit dem kalten (!) Wasser aufgießen. Bei nur mittlerer Hitze das Wasser langsam zum Kochen bringen. Die Hitze weit zurückschalten, sobald das Wasser zu kochen beginnt. Mit einem Schaumlöffel den grauen Schaum und die Trübstoffe von der Oberfläche der Brühe abschöpfen.

2 Den Deckel auflegen. Die Brühe soll sich im Weiteren nur ein wenig bewegen. Immer wieder den aufsteigenden Schaum abschöpfen. Nicht umrühren, den Topf lediglich ab und zu leicht rütteln. Die Brühe kann nun 2 bis 4 Stunden simmern. Je länger, desto mehr Mineralien lösen sich aus den Knochen. Jedoch nach spätestens 3 Stunden ergibt sich dabei kein Geschmacksgewinn mehr (allerdings auch keine Geschmacksverschlechterung).

3 Gegen Ende der Kochzeit das Fett abschöpfen, sonst ist die Brühe zu gehaltvoll. Die Brühe durch ein mit einem Tuch ausgelegtes Sieb abgießen. Nach Belieben reduzieren (einkochen).

→ Diese Knochenbrühe ist ein Alleskönner. Verwenden Sie sie, leicht gewürzt, als Trinkbrühe. Bereichern Sie sie mit Einlagen nach Wunsch. Von Reis über Gemüse bis zu Klößchen Ihrer Wahl ist alles möglich. Rezepte finden Sie ab Seite 68 ff. Sie können diese Brühe natürlich auch als Basis für Gemüsecremesuppen verwenden.

KALBSBRÜHE

gelierstark nach dem Reduzieren und universell verwendbar

ZUTATEN:

1 Zwiebel

2 kg Kalbsknochen und Fleischabschnitte vom Parieren (siehe Tipp)

2 Lorbeerblätter

1 EL schwarze Pfefferkörner

4 Wacholderbeeren

150 ml trockener Weißwein (oder 3–4 EL Obstessig)

1 kleines Bund Suppengrün (1 große Möhre, 2 dünne Stangen Staudensellerie mit Grün, 1 Stück Lauch, ca. 100 g insgesamt)

Ergibt ca. 3 Liter
Zubereitungszeit: ca. 2 ½ Stunden

ZUBEREITUNG:

1 Von der Zwiebel nur die äußere der getrockneten Schalenschichten ablösen. Die Zwiebel quer halbieren und auf einem Stück Alufolie auf der Kochstelle hellbraun rösten.

Mit den Knochen und Fleischabschnitten in einen großen Suppentopf geben, Lorbeerblätter, Pfefferkörner, Wacholderbeeren, den Wein und 4 Liter kaltes Wasser zugießen.

2 Das Wasser offen zum Kochen bringen, einmal sprudelnd aufkochen lassen, die Hitze sofort stark reduzieren und die Brühe offen 1 Stunde simmern lassen. Dabei immer wieder mit dem Schaumlöffel die aufsteigenden Trübstoffe abschöpfen.

3 Das Suppengrün waschen, putzen und in grobe Stücke schneiden. In den Topf geben und die Brühe nochmals 1 Stunde weiterköcheln lassen.

4 Ein Sieb mit einem Passiertuch auslegen, auf einen passenden Topf oder eine Schüssel setzen und die Brühe durchpassieren.

Was davon sofort verzehrt werden soll, mit Salz abschmecken. Den Rest neutral lassen und nach Belieben einkochen, siehe rechts den Abschnitt »Von der Kalbsbrühe zum Fond«.

Von der Kalbsbrühe zum Fond

Wenn Sie die Brühe (noch ungesalzen), nach dem Durchpassieren um die Hälfte reduzieren, ergibt das einen aromatischen Fond, der als Basis für allerlei Suppen und Saucen dienen kann, z. B. für die Tomatensuppe von Seite 124, oder auch für Reisgerichte (statt den Reis mit Wasser zu kochen), ebenso für Fleischcurrys.

Vor dem Reduzieren die Brühe nach Wunsch entfetten. Das geht am einfachsten, wenn man sie abkühlen lässt und die erstarrte Fettschicht oben einfach abhebt.

Nach nebenstehendem Grundrezept gekocht, ergeben sich 4 Portionen Brühe für den sofortigen Verzehr und es verbleiben dann immer noch gut 1,5 bis 2 Liter zum Einreduzieren.

Einreduziert wird mit offenem Topfdeckel, schwach blubbernd. Nehmen Sie einen weiten Topf oder auch eine große Pfanne, so ist die Oberfläche möglichst groß, und es kann schnell viel Wasser verdampfen.

Die richtigen Knochen für die Brühe

Für diese Brühe eignen sich Markknochen bzw. Beinscheiben, Gelenke, Hals, Rippen. Die Knochen und Sehnen geben den Hauptteil des Fleischaromas, daher mehr Knochen als Fleisch verarbeiten. Lassen Sie sich die Knochen vom Metzger klein hacken bzw. -sägen, nur dann gelangt möglichst viel von den guten Inhaltsstoffen auch in die Brühe.

HÜHNERBRÜHE

klassisch zubereitete sättigende und heilende Trinkbrühe

ZUTATEN:

1 Suppenhuhn

1 Zwiebel

1 Bund Petersilie

etwas Liebstöckel

1 Petersilienwurzel

1 Möhre

2 Stangen Staudensellerie mit Blättern

1 kleine Stange Lauch (längs aufgeschnitten und sehr gründlich gespült)

1 TL schwarze Pfefferkörner

1 TL Salz

Ergibt ca. 2 Liter
Zubereitungszeit: ca. 3 ½ Stunden

ZUBEREITUNG:

1 Das Suppenhuhn unter kaltem Wasser waschen und gegebenenfalls in den Gelenken und am Rücken zerteilen. Von der Zwiebel die äußere getrocknete Schale entfernen, die Zwiebel dann vierteln. Petersilie und Liebstöckel waschen. Alles Gemüse waschen und putzen. Lauch längs aufschneiden und ausspülen, dabei die einzelnen Schichten aufblättern. Alles Gemüse in grobe Stücke schneiden.

2 Das Suppenhuhn mit den restlichen Zutaten bis auf das Salz in einen großen Topf geben und mit ca. 2 Liter kaltem Wasser auffüllen, alles sollte gut bedeckt sein.

3 Das Wasser im offenen Topf bei mittlerer Hitze zum Kochen bringen. Wenn es zu wallen beginnt, die Temperatur reduzieren und das Huhn bei niedriger Hitze mit geschlossenem Deckel simmern lassen, das Wasser soll auf keinen Fall mehr kochen.

4 Den Schaum, der an die Oberfläche tritt, mit einem Sieblöffel abschöpfen. Eventuell während des Kochens noch Wasser nachgießen, das Huhn und das Gemüse sollen immer gut bedeckt sein.
Die Brühe ca. 3 Stunden leise kochen lassen. Dann das Huhn aus dem Topf heben und die Brühe durch ein mit einem Passiertuch ausgelegtes Sieb passieren. Salzen.

→ Diese Brühe schmeckt solo, ist aber auch eine gute Basis für eine Minestrone (Rezept Seite 108).

Wissenswertes zur Hühnerbrühe:

- Für den guten Geschmack sind Haut, Sehnen und Knochen des Suppenhuhns wesentlich verantwortlich. Sie liefern Fett mit Aromastoffen, Gelatine mit geschmacksgebenden Aminosäuren sowie Mineralstoffe. Das anhängende Fleisch bringt noch eine Bandbreite weiterer Aminosäuren mit.
- Sie können alternativ zum ganzen Suppenhuhn auch 1,5 Kilogramm Hühnerklein für diese Suppe verwenden.
- Wenn man die Brühe nur 1,5 bis 2 Stunden kocht, kann man das Hähnchenfleisch noch verwenden, beispielsweise für einen Salat mit Hähnchenfleisch.
  Mit einigen dicken Scheiben Ingwer darin schmeckt die Brühe hervorragend. Und ist gleich noch heilsamer bei Erkältungen.

GÄNSEBRÜHE

besonders selten und geschmacksintensiv

ZUTATEN:

1 kg Gänseklein (gegebenenfalls bestellen, z. B. beim Bio-Metzger, beim regionalen Landwirt auf dem Wochenmarkt oder im Internet)

1 Bund Suppengrün

1 TL schwarze Pfefferkörner

1 Nelke

1 TL Pimentkörner

2 Lorbeerblätter

Salz (zum Abschmecken bei direktem Verzehr)

Ergibt ca. 1,5 Liter
Zubereitungszeit: ca. 1 ½ Stunden

ZUBEREITUNG:

1 Das Gänseklein kalt abspülen, abtropfen lassen. Die Leber, falls mit enthalten, aussortieren, sie wird nicht für die Brühe verwendet (siehe Tipp).

2 Das Gänseklein in einen großen Topf geben und 2 Liter kaltes Wasser angießen. Das Wasser aufkochen, wenn die Brühe wallt, die Hitze sofort zurückschalten, sodass das Wasser gerade in Bewegung bleibt.

3 Jetzt das Suppengrün vorbereiten: Das Gemüse waschen, putzen und in grobe Stücke schneiden, zusammen mit Pfeffer, Nelke, Piment und Lorbeerblättern in die Brühe geben und alles ca. 1 Stunde und 20 Minuten simmern lassen.

4 Die Brühe durch ein feines Sieb umgießen. Sie kann mit dem vom Knochen abgelösten Fleisch sowie nach Geschmack mit Magen und Herz von der Gans direkt genossen werden oder – eventuell reduziert – als Fond zum Angießen an Braten oder zum Aufgießen von Risotto verwendet werden, z. B. für ein Entenrisotto mit der gebratenen Leber darin.

TIPP:
Für die Brühe eignet sich vom Gänseklein alles bis auf die Leber. Sie kann für eine Einlage verwendet werden (siehe Geflügelleberklößchen Seite 68) oder als Zutat zu einem Risotto (siehe Seite 119) Auf diese Weise können Sie natürlich auch eine Hühnerbrühe zubereiten.

LAMMBRÜHE

Lamm in Wasser aufs Beste gelöst – mit mediterranen Anklängen

ZUTATEN:

1 dicke Möhre

80 g Knollensellerie

80 g Lauch

1 große Zwiebel

2 Knoblauchzehen

1,2 kg Suppenfleisch vom Lamm und Knochen (es eignen sich Rippenstücke, Bauchlappen, Beinscheiben oder ausgelöste Knochen), vom Metzger zerkleinert

1 Lorbeerblatt

1 Nelke

einige Stängel Thymian

1 Zweig Rosmarin

einige Petersilienstängel

1 TL weiße Pfefferkörner

1 TL Senfkörner

Ergibt ca.1,5 Liter
Zubereitungszeit: ca. 2 ½ Stunden

ZUBEREITUNG:

1 Möhre und Sellerie putzen bzw. schälen. Lauch putzen, längs aufschlitzen, waschen, dabei die einzelnen Schichten aufblättern. Möhre, Sellerie und Lauch in grobe Stücke schneiden. Von der Zwiebel nur die äußerste der getrockneten Schalen ablösen, Zwiebel halbieren und auf der Kochstelle auf Alufolie mittelstark bräunen. Knoblauchzehen ungeschält andrücken.

2 Das Fleisch und die Knochen kalt abwaschen, in einen Suppentopf geben, das vorbereitete Gemüse dazugeben. Die Würzzutaten zugeben. Ca. 2 Liter kaltes Wasser zugießen (sodass die Knochen gut bedeckt sind.

3 Das Wasser bei mittlerer Hitze langsam zum Kochen bringen (keinen Deckel auflegen). Aufsteigenden Schaum immer wieder mit der Schöpfkelle entfernen. Wenn das Wasser wallt, die Hitze zurückschalten und die Brühe 2 Stunden weitersimmern lassen.

4 Die Brühe durch ein mit einem Passiertuch ausgelegtes Sieb gießen und mit Salz gewürzt warm genießen.

TIPP:
Als Einlage eignen sich z. B. einige angeschwitzte Champignonscheiben, gehackte Tomaten oder etwas sehr fein geschnittener gedünsteter Fenchel.

FISCHBRÜHE AUS MEERESFISCHEN

Bestes aus Gräten und Fleisch durch geduldiges Kochen

ZUTATEN:

500 g Fischabschnitte von mageren hellfleischigen Meeresfischen wie z. B. Scholle, Seezunge, Steinbutt, Seelachs, Schellfisch, Kabeljau (vom Fischhändler)

1 dünne Stange Lauch

1 kleine Zwiebel

1 Knoblauchzehe

3 Zweige glatte Petersilie

2 Zweige Thymian

2 EL Öl

150 ml trockener Weißwein

1–2 EL schwarze Pfefferkörner

Salz nach Bedarf

Ergibt ca. 1 Liter
Zubereitungszeit: 2 Stunden

ZUBEREITUNG:

1 Von den Fischköpfen die Kiemen abschneiden und wegwerfen. Fischabschnitte in ein Sieb geben, kalt abspülen, dann 20 Minuten in kaltem Wasser wässern.

2 Den Lauch waschen und putzen, nur den weißen Teil des Lauchs in feine Ringe schneiden, diese in einem Sieb kalt abspülen, um eventuellen Sand zwischen den Blattschichten zu entfernen. Die Zwiebel schälen und vierteln. Den Knoblauch schälen und leicht andrücken. Petersilie und Thymian waschen. Fischabschnitte aus dem Wasser heben, gut abtropfen lassen.

3 In einem großen Topf das Öl bei mittlerer Hitze erhitzen, Lauch, Zwiebeln und Knoblauch darin etwa 5 Minuten anschwitzen, ohne dass sie Farbe annehmen. Die Fischabschnitte zugeben und ein paar Minuten mit anschwitzen, aber auch sie dürfen keine Farbe annehmen. Den Wein in mehreren Portionen angießen und jeweils etwas einkochen lassen.

4 1 Liter Wasser zugießen, die Pfefferkörner und Kräuter zugeben. Das Ganze bei mittlerer Hitze langsam aufkochen und 60 Minuten sanft wallen lassen. Während der Kochzeit immer wieder den aufsteigenden Schaum mit einer Schöpfkelle abschöpfen.

5 Nach Ende der Kochzeit die Brühe durch ein feines Sieb gießen. Sofort servieren – gesalzen und gegebenenfalls mit Einlagen nach Wahl – oder (ungesalzen) abkühlen lassen und einfrieren (siehe Seite 30).

Wie man frischen, küchenfertig vorbereiteten Fisch filetiert

1 Am besten mit einem scharfen, breiten Messer arbeiten.

2 Bauchseite nach oben drehen. Fisch hinter den Kiemendeckeln und der Kiemenflosse einschneiden, rechts und links. Kopf nach hinten klappen und vom Fisch lösen.

3 Am Rückgrat entlang einschneiden, nah an den Gräten arbeiten, bis zur Mittelgräte schneiden, über diese hinweg flach weiterschneiden, bis der Fisch vom Rücken bis zum Bauch dicht an den Gräten entlang halbiert ist.

4 Das abgenommene Filet von den Bauchgräten befreien: Sie können es mit dem Messer flach abheben und herausziehen. Die in der Mitte verbliebenen Gräten (die von der Mittelgräte abgeschnitten wurden) mit einem längs geführten V-förmigen Schnitt vorsichtig entfernen.

5 Das Filet putzen: Bauchseitig gegebenenfalls Fett, Hautabschnitte und die gelbliche Galle entfernen (die Galle darf nicht für eine Brühe verwendet werden).

6 Das zweite Filet ebenso von Gräten befreien: Es auf die Hautseite legen und am Rücken beginnend das Fleisch von den Gräten schneiden (Messer flach halten), über die Mittelgräte hinwegschneiden. Bauchgräten und die in der Mitte verbliebenen Gräten wie oben beschrieben entfernen, das Filet putzen (sauber zuschneiden).

➜ Der Kopf (ohne Kiemen), die Flossen, die Mittelgräte und die Hautabschnitte können für eine Brühe verwendet werden, das Filet als Einlage.

Den Fisch kochen

Langsames Aufkochen erhält die Brühe klarer, weil das Eiweiß dann Zeit hat, an der Gräte, also direkt am Fischabschnitt, zu gerinnen und dort zu verbleiben.

In der Gourmetküche werden die Fischabschnitte vorher blanchiert und erst dann der Fond – mit frischem Wasser – gekocht. Darauf verzichten wir hier nicht nur aus Praktikabilitätsgründen. Durch die hier beschriebene Zubereitung bleiben alle Inhaltsstoffe des Fischs in der Brühe enthalten – wie Mineralien und wertvolle Aminosäuren.

GEMÜSEBRÜHE

das Feinste aus dem Gemüsekorb, schön aromatisiert

ZUTATEN:

200 g Knollensellerie

200 g Staudensellerie (am besten das Innere einer Staude mit schönen grünen Blättern)

4 Möhren

2 Petersilienwurzeln

1 Fenchelknolle

1 Stange Lauch

2 Zwiebeln

4 EL neutrales Öl

1 Bund Petersilie

2 Lorbeerblätter

1 TL schwarze Pfefferkörner

½ TL gelbe Senfsaat

3 Gewürznelken

4 Pimentkörner

1 EL grobes Meersalz

Ergibt ca. 2,5 Liter
Zubereitungszeit: ca. 1 ½ Stunden

TIPP:
Brühe mit etwas Sojasauce gewürzt als Durstlöscher und Mineraliendrink genießen.

ZUBEREITUNG:

1 Gemüse (Knollen- und Staudensellerie, Möhren, Petersilienwurzeln, Fenchel, Lauch) waschen und sehr gründlich putzen. Die Lauchstange längs aufschlitzen und unter fließendem Wasser ausspülen, dabei die einzelnen Schichten mit den Fingern aufblättern.

2 Das Gemüse in grobe Stücke schneiden. Von den Zwiebeln nur die äußerste der getrockneten Schalen abschneiden, die Zwiebeln dann vierteln, aber nicht schälen. Das Gemüse in einem großen Topf im Öl unter Wenden mehrere Minuten andünsten, ohne dass es Farbe annimmt. Petersilie waschen und im Ganzen zugeben, ebenso die Gewürze. Dann ca. 2,5 Liter kaltes Wasser zugießen.

3 Alles zum Kochen bringen, einmal aufwallen lassen, dann die Temperatur reduzieren und die Gemüsebrühe zugedeckt ca. 1 Stunde bei niedriger Hitze leise köcheln lassen. Anschließend die Brühe durch ein mit einem Passiertuch ausgelegtes Sieb in einen zweiten Topf umgießen und direkt weiterverwenden (oder trinken, siehe Tipp). Wenn sie aufbewahrt werden soll (im Kühl-oder Gefrierschrank), dann kann die Brühe auch im Topf abkühlen und erst danach abgegossen werden.

→ Die in diesem Rezept genannte Gemüsemischung ist nur ein Vorschlag. Ebenfalls geeignet: Pastinaken, Wirsing, Kohlrabi, Tomaten, Pilze, Liebstöckel.

GEMÜSEBRÜHE II, BASENBRÜHE

wirkt ausschwemmend und ausgleichend

ZUTATEN:

3 kg Gemüse, bestehend aus
400 g Möhren oder Pastinaken
400 g Kartoffeln
400 g Lauch
200 g Fenchel
200 g Staudensellerie
200 g Brokkoli
200 g Champignons
1 Lorbeerblatt
etwas Muskatnuss
1 EL Pimentkörner
einige Zweige Petersilie, Kerbel, Thymian
etwas Brennnessel nach Belieben
Salz

Ergibt ca. 2 Liter
Zubereitungszeit: ca. 2 ½ Stunden

ZUBEREITUNG:

1 Gemüse vorbereiten: waschen, putzen und in ca. 2 Zentimeter große Stücke schneiden.

2 Zusammen mit den Gewürzen und Kräutern in einen Topf geben, mit 2,5 Liter Wasser aufgießen und zugedeckt zum Kochen bringen.

3 Wenn das Wasser kocht, die Temperatur zurückschalten und die Suppe ca. 2 ½ Stunden zugedeckt köcheln lassen.

4 Die Suppe durch ein mit einem Passiertuch ausgelegtes feines Sieb abgießen. Mit Salz nach Bedarf würzen.

EINLAGEN, TOPPINGS UND EXTRAS

Auf dem Weg vom magischen Löffelgetränk Brühe hin zur ganzen Mahlzeit finden wir als Zwischenstation Brühen, die mit allerlei Köstlichem angereichert sind. Allen voran mit Klößchen, von denen es unzählige Varianten gibt – finden Sie hier ein paar Klassiker. Und versuchen Sie sich gerne auch an Eierstich und Pfannkuchen. Oder veredeln Sie Ihre Brühen mal mit Würzsalz oder Würzschmalz, aromatischen Auszügen und einigem mehr. All diese Zugaben fügen einer Brühe wunderbare weitere Geschmackskomponenten und oft auch mehr Gehalt hinzu. Lassen Sie sich von diesem bunten Potpourri dazu inspirieren, eigene Kreationen zu zaubern.

GEFLÜGELLEBERKLÖSSCHEN

wenn es was feines Festes in der Bühe sein soll

ZUTATEN:

1 ½ Scheiben Toastbrot (normale Größe, NICHT Sandwichgröße)

etwas Milch

150 g Hähnchenleber

einige Zweige Majoran

1 kleine Schalotte

1 gekochtes Ei

Salz

Pfeffer

Muskatnuss

Paniermehl nach Bedarf (ca. 3 EL)

Petersilie oder Schnittlauch zum Servieren

Ergibt 4 Portionen
Zubereitungszeit: 35 Minuten

ZUBEREITUNG:

1 Das Toastbrot auf einem flachen Teller mit so viel Milch übergießen, bis es sich komplett vollgesaugt hat.

2 Die Hähnchenleber waschen, gut trocken tupfen, grob schneiden und in den Blitzhacker geben. Majoran waschen, trocken tupfen und die Blättchen (etwa 1 gestrichenen TL) zur Leber geben. Das Toastbrot gut ausdrücken, zerzupfen und ebenfalls zur Leber geben. Schalotte schälen, grob zerkleinern, mit dem Ei in den Blitzhacker geben. Alles zu einer homogenen Masse mixen. In eine Schüssel umfüllen und mit Salz, Pfeffer und Muskat würzen.

3 Nach und nach etwas Paniermehl einrühren. Es soll eine gerade eben formbare Masse entstehen. Zu viel Paniermehl bewirkt, dass die Klößchen beim Garen hart werden.

4 Ein Stück Backpapier, ca. DIN-A5-groß, bereitlegen. Mit zwei Teelöffeln aus der Masse 12 bis 16 Klößchen formen, auf das Papier setzen. Die Klößchen dann in kochend heißer, aber nicht wallender Geflügelbrühe in ca. 8 Minuten gar ziehen lassen. Dazu das Papier mit den daraufsitzenden Klößchen in die Brühe setzen, wenn die Klößchen sich gelöst haben, das Papier herausnehmen.

5 Petersilie oder Schnittlauch waschen, die Blättchen bzw. Halme fein schneiden. Die Leberklößchen in der Brühe mit Kräutern garniert servieren.

MARKKLÖSSCHEN

eines der beste Dinge, die Knochenmark – und uns – passieren können

ZUTATEN:

2 Stück gesägte Markknochen
1 altbackenes Brötchen
heiße Milch oder heißes Wasser
1 Ei (Größe L)
Salz
Pfeffer
Muskatnuss
4 EL gehackte Petersilie
ca. 100 g Paniermehl
Fleischbrühe oder andere Brühe nach Wahl zum Garen und Servieren der Klößchen

Ergibt ca. 20 Stück
Zubereitungszeit: 2 Stunden

ZUBEREITUNG:

1 Die Markknochen in kaltem Wasser wässern (einlegen), inzwischen das Brötchen in dicke Scheiben schneiden, mit heißer Milch bzw. heißem Wasser übergießen und 30 Minuten einweichen, dann ausdrücken, zerzupfen und in eine Schüssel geben. Ei, Salz, Pfeffer, Muskat und Petersilie zugeben. Paniermehl zugeben und alles gut mit den Händen vermengen.

2 Die Markknochen abwaschen, trocken tupfen, in einer Pfanne erwärmen, bis sich das Mark herausdrücken lässt. Knochen aus der Pfanne nehmen, das darin verbliebene Mark ganz zerlassen.
Ein Sieb mit Küchenkrepp oder einem Kaffeefilter auslegen und das ausgelassene Mark zum zerzupften Brötchen gießen. (Mit dem Filtern entfernt man kleine Knochensplitter und geronnenes Blut.)

3 Mit den Händen alles nochmals gut verkneten. Es soll eine weiche, formbare Masse entstehen. In einem kleinen Topf etwas Salzwasser für ein Probeklößchen zum Kochen bringen. Gleichzeitig die Brühe, in der die Klößchen serviert werden sollen, zum Sieden bringen.

4 Aus der Masse ein kleines Klößchen (etwa 3 Zentimeter Durchmesser) formen. Dieses in das siedende Wasser geben und ziehen lassen; falls es zerfällt, noch etwas Paniermehl unter den Teig arbeiten.
Dann aus dem gesamten Teig Klößchen rollen und ca. 15 Minuten in der siedenden Brühe ziehen lassen.

TIPP:
Man kann Markklößchen gut auf Vorrat zubereiten und (ungegart) einfrieren. Die benötigte Menge kann später direkt in der heißen Suppe aufgetaut werden.

EIERSTICH

simpler Klassiker, denkste – vor dem Genuss steht die Sorgfalt!

ZUTATEN:

2 Eier

ca. 100 ml Milch

Salz

neutrales Öl oder Butter für die Form

Ergibt 4 Portionen
Zubereitungszeit: 35 Minuten

ZUBEREITUNG:

1 Die Eier in einen Messbecher aufschlagen, im Verhältnis 1 : 1 mit Milch aufgießen (ca. 100 Milliliter), etwas Salz zugeben und alles gut verrühren, dabei möglichst wenig Schaum schlagen, sonst wird der Eierstich zu grobporig.

2 2 Kaffeetassen mit Öl oder Butter auspinseln, die Eimasse darin verteilen.

3 In einen Topf, in den die Tassen nebeneinander stehend passen, 1 bis 2 Finger hoch Wasser füllen und dieses (noch ohne Tassen darin) aufkochen. Die Hitze stark zurückschalten und die Tassen hineinstellen, wenn das Wasser nicht mehr kocht. Den Deckel schließen und den Eierstich etwa 20 Minuten garen, dabei die Wassertemperatur fortwährend kurz unter dem Siedepunkt halten.

4 Der Eierstich ist fertig, wenn er oben ganz gestockt ist. Den Eierstich aus der Form stürzen und nach Gusto klein schneiden (siehe Tipps).

TIPPS:

Sie können den Eierstich mit Kräutern und Gewürzen verfeinern: Mit Muskat, weißem Pfeffer, Safran, Paprikapulver oder Currypulver. Oder auch mit Petersilie, Kerbel, Dill, Minze. Aromatisieren Sie einfach passend zur Brühe und den sonstigen Einlagen. Klassischerweise wird Eierstich in Würfel geschnitten. Sie können ihn aber auch in Rauten schneiden oder in Dreiecke. Oder sie schneiden ihn in Scheiben und stechen Formen aus, z. B. Herzen oder Schmetterlinge.

KRÄUTERPFANNKUCHEN

simsalabim, Kräuter sind da drin!

ZUTATEN:

150 g Mehl (Type 405)

250 ml Milch

2 Eier

½ TL Salz

2 Handvoll gemischte Kräuterblättchen, z. B. Petersilie und Kerbel oder Petersilie und Bärlauch

Butterschmalz zum Ausbacken

Ergibt 4 Fladen
Zubereitungszeit: 1 Stunde

ZUBEREITUNG:

1 Aus Mehl, Milch, Eiern und Salz in einer Schüssel mit dem Rührbesen einen glatten Teig rühren. Diesen mindestens 20 Minuten stehen lassen, damit das Mehl quellen kann.
Inzwischen die Kräuter waschen, trocken tupfen, fein schneiden und in den Teig geben.

2 Den Teig nochmals durchrühren und in einer großen Pfanne 1 EL Butterschmalz erhitzen. Mit einer Schöpfkelle vom Teig etwa ein Viertel in die Pfanne geben, durch Schwenken verteilen und daraus einen Pfannkuchen backen. Bei höchstens mittlerer Hitze arbeiten und den Pfannkuchen erst wenden, wenn er unten hellbraun bis mittelbraun ist. Dann auch auf der anderen Seite backen. Den Pfannkuchen aus der Pfanne nehmen, noch heiß aufrollen. Auf diese Weise auch die weiteren Pfannkuchen ausbacken und aufrollen.

3 Zum Servieren die Pfannkuchen in dünne Scheiben schneiden, die »Pfannkuchenschnecken« mithilfe eines Messers oder Pfannenwenders in die Suppenteller legen (sie sollen zusammengerollt bleiben). Vorsichtig mit heißer Brühe übergießen.

SAFRANNUDELN

gibt der Brühe ein goldgelbes Farb-Plus

ZUTATEN:

2 Prisen Salz

1 Fingerspitze Safranfäden

125 g Mehl und etwas Mehl zum Arbeiten

3 Eigelb

1 EL Öl

Ergibt 4 Portionen
Zubereitungszeit: 30 Minuten plus 1 Stunde zum Ruhen

ZUBEREITUNG:

1 In einem Mörser Salz mit Safran fein zermahlen. Mehl, Eigelb und Öl in die Küchenmaschine, die mit Knethaken bestückt ist, geben. Den mit Salz zermahlenen Safran dazugeben. Den Mörser mit 1 EL Wasser ausschwenken, das Wasser später für den Teig verwenden, falls dieser zu fest sein sollte.

2 Alles in der Küchenmaschine zu einem festen Teig verarbeiten. Gegebenenfalls das Safranwasser zufügen.

3 Den Teig auf die Arbeitsfläche weiterkneten, dabei mit den Handballen drückend arbeiten. Er ist fertig geknetet, wenn eine Druckstelle vom Handballen sich nicht mehr in der Form verändert. In Frischhaltefolie gewickelt 1 Stunde ruhen lassen.

4 Anschließend den Teig auf der leicht bemehlten Arbeitsfläche ca. 2 Millimeter dünn ausrollen. Vor und auch nach dem Ausrollen die Teigoberfläche leicht bemehlen, vorher, damit der Teig nicht an der Teigrolle kleben bleibt, nachher, damit der Teig vor dem Schneiden zusammengefaltet werden kann, ohne zusammenzukleben. Den Teig übereinanderschlagen, so kann man ihn leichter zu Bandnudeln schneiden. Mit einem langen scharfen Messer in dünne Streifen schneiden. Diese dann auflockern und entweder sofort in kochender Brühe garen, das dauert nur ca. 2 Minuten. Oder ausgebreitet etwas trocknen lassen – bis zur Verwendung. Das Trocknen verlängert allerdings die Garzeit.

TIPP:
Die in diesem Buch vorgestellten asiatischen Brühen lassen sich auch mit Pilznudeln servieren: Dazu nach dem obigen Rezept arbeiten, aber statt Safran 10 Gramm fein gemahlene bzw. -gemörserte getrocknete Pilze verwenden.

KASPRESSKNÖDEL

wunderbar würzige Tiroler und Südtiroler Sattmacher-Einlage

ZUTATEN:

150 g Weißbrot
125 ml Milch
4–5 Zweige Petersilie
ca. 1 EL Mehl
150 g Käse (siehe Tipp)
1 Zwiebel
3 EL Butterschmalz
Salz
Pfeffer
Muskatnuss
ca. 1 Liter Rinderbrühe (siehe Seite 48)
½ Bund Schnittlauch

Ergibt 8 Knödel (4 Portionen)
Zubereitungszeit: ca. 40 Minuten plus mehrere Stunden zum Trocknen des Brots

ZUBEREITUNG:

1 Das Weißbrot in feine Würfel schneiden und offen ausgebreitet einige Stunden trocken werden lassen, dann in eine Schüssel geben.
Die Milch erhitzen und das Brot damit übergießen. Die Petersilie waschen, trocken tupfen, die Blättchen klein hacken und zum Brot geben. Auch das Mehl zugeben und alles gut mit den Händen vermengen.

2 Den Käse in kleine Würfel schneiden oder – falls er noch sehr jung und fest ist – grob reiben. Die Zwiebel schälen, fein würfeln und in einer Pfanne in 1 EL Butterschmalz hell anschwitzen.
Zur Knödelmasse geben, alles gut mit den Händen vermengen, mit Salz, Pfeffer und Muskat abschmecken. Die Masse durchmischen und etwa 15 Minuten ruhen lassen.

3 Aus der Massekleine runde Knödel formen (gegebenenfalls die Konsistenz mit mehr Mehl bzw. Milch regulieren), diese platt drücken und in heißem Butterschmalz beidseitig anbraten. Inzwischen die Brühe erhitzen und die Knödel darin in ca. 10 Minuten gar ziehen lassen (die Brühe darf höchsten sieden, keinesfalls kochen).

4 Den Schnittlauch waschen und in Röllchen schneiden, zum Garnieren der Suppenportionen verwenden.

TIPP:
Im Südtiroler Original wird der einheimische Graukäse verwendet, ein von (grauem) Edelschimmel durchzogener Sauermilchkäse. In diesem Rezept wird er durch einen deutschen Sauermilchkäse ersetzt. Ebenso schmackhaft, doch mit ganz anderem Charakter, werden die Knödel mit geriebenem Bergkäse.

SPECKKNÖDEL

verwandeln eine leichte Trinkbrühe zur deftigen Mahlzeit

ZUTATEN:

80 g durchwachsener Speck ohne Schwarte

250 ml Milch

250 g Knödelbrot bzw. Semmelwürfel

30 g Butter

2 Eier

Salz

3 EL Semmelbrösel

1 Bund Schnittlauch

ca. 1 ½ Liter heiße Gemüse- oder Rinderbrühe

Ergibt 8–12 Knödel (4 Portionen)
Zubereitungszeit: 1 Stunde

ZUBEREITUNG:

1 Den Speck sehr fein würfeln. Die Milch erwärmen. Knödelbrot in kleine Würfel schneiden, in eine Schüssel geben, etwas warme Milch darübergießen und das Brot darin 10 Minuten ziehen lassen. Inzwischen den Speck in Butter bei mittlerer Hitze hell anbraten.

2 Den Großteil der restlichen Milch, die Eier und die Speckwürfel zum Brot geben, salzen und alles gut von Hand vermengen. 2 EL Semmelbrösel gut untermischen. Der Teig soll nun nicht zu weich und klebrig und gut von Hand formbar sein. Gegebenenfalls mehr Brösel bzw. die übrige Milch hinzufügen.

3 Mit nassen Händen ungefähr 8 bis 12 gleich große Knödel formen.

4 In einem weiten Topf Salzwasser zum Kochen bringen, das Wasser soll nur leicht wallen. Die Knödel mit einem Löffel ins Wasser setzen und 10 bis 15 Minuten im siedenden Wasser ziehen lassen.

5 Den Schnittlauch waschen, trocken schütteln und in Röllchen schneiden.

6 Die Speckknödel in eine große Schüssel geben, mit heißer Brühe übergießen und mit Schnittlauch bestreut servieren.

FISCHKLÖSSCHEN

zauberhaft zarte Edel-Einlage

ZUTATEN:

1 Schalotte
1 TL Butter
1 Zitrone (bio)
1 ½ Scheiben Toastbrot
etwas kalte Sahne
300 g TK-Fischfilet (z. B. Zander, Schellfisch, Seelachs)
Salz, Pfeffer
Muskatnuss nach Geschmack
1 Eiweiß (kühlschrankkalt)

Ergibt 4 Portionen
Zubereitungszeit: ca. 35 Minuten

TIPP:
Die Klößchen passen in Fischbrühe und in Schaumsuppen, also in Suppen, die mit geschlagener Sahne angereichert wurden. Sie schmecken auch in Gemüsebrühe gut, dort besonders mit Wirsing, Fenchel, Staudensellerie, Spinat und Mangold.

ZUBEREITUNG:

1 Die Schalotte schälen, sehr fein schneiden und in der Butter andünsten, ohne dass sie Farbe nimmt. Dann im Tiefkühlfach bis zur Verwendung kalt stellen. Die Zitrone heiß waschen, trocken reiben, etwas Schale abreiben und eine Hälfte der Zitrone auspressen.

2 Beim Toastbrot die Rinde abschneiden, das Brot würfeln und mit so viel kalter Sahne übergießen, dass diese komplett aufgesogen wird.

3 Die Fischfilets klein schneiden und in den Mixer geben, dann fein pürieren, der Fisch soll nicht zu warm werden. Ggf. mit der Intervallschaltung arbeiten.

4 Zum Fischpüree das Brot, die Schalottenwürfel, den Zitronensaft und etwas vom Schalenabrieb sowie Salz, Pfeffer und nach Belieben eine Prise Muskat geben. Alles noch einmal kurz durchmixen, bis eine homogene Masse entstanden ist. Das Eiweiß steif schlagen und unterziehen. Dann die Masse bis zur weiteren Verwendung in das Tiefkühlgerät stellen.

5 Salzwasser zum Kochen aufstellen, es soll gerade eben wallen. Aus der Fischmasse mit zwei kleinen Löffeln Nocken formen und in das leicht siedende Salzwasser geben, darin ziehen lassen, bis sie oben schwimmen, das dauert je nach Größe 5 bis 8 Minuten.

➜ **HINWEIS:** TK-Fischfilets kurz vor der Zubereitung antauen lassen, sie sollen noch nicht ganz aufgetaut sein.

BÄRLAUCHSALZ

knoblauchstarke Blätterwürze

ZUTATEN:

25 g frischer Bärlauch

100 g Meersalz

Ergibt 125 g Bärlauchsalz

Zubereitungszeit: ca. 1 Stunde

ZUBEREITUNG:

1 Bärlauch waschen, gut trocken tupfen und Schnittflächen nachschneiden, unschöne Blattstellen entfernen. Die Blätter mit dem Salz in einem Mixer möglichst fein pürieren.

2 Den Backofen auf ca. 50 °C Umluft einstellen, am besten mit einem Thermometer nachprüfen, dass auch ausreichend Wärme eingestellt ist. Das Bärlauchsalz auf einem Backblech ausbreiten, in den Ofen schieben, die Tür dabei einen Spalt offen lassen (Holzlöffel oder Backhandschuh dazwischenklemmen). Das Salz etwa eine Stunde trocknen lassen. In ein sauberes Schraubglas umfüllen. Darin hält es sich monatelang, wenn Sie es dunkel lagern.

TIPP:
Passt gut zu Gemüsebrühen und -suppen. Auch in Suppen mit Tomate. Wenn Sie das Bärlauchsalz in kleine Gläser, etwa Gewürzgläschen, füllen, haben Sie einige schmackhafte Mitbringsel als Gastgeschenk bei Einladungen zum Essen.

BUTTER(SCHMALZ)-TOPPINGS

zartes Butteraroma hebt auf wunderbare Weise jede andere Geschmackszutat

Paprika-Minz-Schmalz

ZUTATEN:

2 EL Butterschmalz

1 EL edelsüßes Paprikapulver

1 EL getrocknete gerebelte Minze

Ergibt 2–4 Portionen
Zubereitungszeit: 5 Minuten

ZUBEREITUNG:

1 Butterschmalz in einem Pfännchen schmelzen, Paprikapulver und Minze zugeben, einrühren, bei mittlerer Hitze erhitzen, bis das Ganze schäumt, dann von der Kochstelle ziehen.

→ Im Verhältnis 2: 1: 1, esslöffelweise arbeiten, die angegebene Menge verfeinert 2 bis 4 Portionen Brühe oder Suppe. Passt zu Geflügelbrühe mit Reis- und Geflügelfleischbeilage und auch zu Joghurtsuppen (siehe Seite 99).

Knoblauchschmalz

ZUTATEN:

5 große Knoblauchzehen (z. B. die äußeren einer Knoblauchknolle)

Salz

4 EL Butterschmalz

Ergibt 6 EL
Zubereitungszeit: 10 Minuten

ZUBEREITUNG:

1 Den Knoblauch schälen, grob schneiden, mit etwas Salz bestreuen und mit einer Gabel zerdrücken. In einer Pfanne das Butterschmalz erhitzen und den Knoblauch darin bei schwacher bis mittlerer Hitze anschwitzen, sodass er nur hellgelb wird.

Pilzbutter

ZUTATEN:

100 g frische Pilze (z. B. Shiitake oder Kräutersaitlinge)

50 g Butterschmalz

Ergibt 10 EL
Zubereitungszeit: 15 Minuten

ZUBEREITUNG:

1 Die Pilze putzen (ohne sie zu waschen) und sehr fein hacken. In Butterschmalz bei mittlerer Hitze unter Wenden anschwitzen.

ÖL-TOPPINGS

tropfenweise energetisierende Schärfe

Chili-Öl

ZUTATEN:

1 Chilischote

6 EL Olivenöl

Ergibt 6 EL
Zubereitungszeit: 15 Minuten

ZUBEREITUNG:

1 Die kleine scharfe Chilischote waschen, trocknen und in Ringe schneiden. Diese (zusammen mit den Kernen) im Olivenöl erwärmen und bei schwacher bis mittlerer Hitze mehr dünsten als braten. Durch ein feines Sieb abseihen.

Ingwer-Öl

ZUTATEN:

1 Stück Ingwer (5 cm)

1 Schalotte

6 EL Rapsöl

Ergibt 6 EL
Zubereitungszeit: 15 Minuten

ZUBEREITUNG:

1 Den Ingwer schälen und fein reiben. Die Schalotte schälen und in feine Scheiben schneiden. In einer Pfanne das Rapsöl zusammen mit dem Ingwer und der Schalotte erwärmen und die Würzzutaten darin bei schwacher bis mittlerer Hitze 10 Minuten schwitzen lassen. Durch ein feines Sieb abseihen.

SAHNE-TOPPINGS

milde Aromen, zauberhaft farbig

Rote-Bete-Sahne

ZUTATEN:

½ Knolle Rote Bete, vorgegart

100 g Sahne, Schmand oder Crème fraîche

Salz

Pfeffer

etwas Zitronensaft

Ergibt 150 Milliliter
Zubereitungszeit: ca. 10 Minuten

ZUBEREITUNG:

1 ½ Knolle vorgegarte Rote Bete grob zerkleinern und mit 100 Gramm Sahne oder Schmand oder Crème fraîche in einen Blitzhacker geben. Sämig pürieren und mit Salz und Pfeffer sowie mit etwas Zitronensaft pikant abschmecken.

2 Teelöffelweise auf die Brühe geben.

Aromatisierte Kokosmilch

ZUTATEN:

1 Limette

1 Schalotte

5 Blätter Thai-Basilikum

1 EL Ingwer, fein gerieben

200 ml Kokosmilch

Ergibt 200 Milliliter
Zubereitungszeit: 10 Minuten

ZUBEREITUNG:

1 1 EL abgeriebene Schale von einer Limette, die geschälte und halbierte Schalotte, das Thai-Basilikum und den Ingwer in 200 Milliliter Kokosmilch geben. Mit dem Pürierstab pürieren.

AUSZÜGE

in Wasser gelöste Würze

Kümmel-Tee

ZUTATEN:

1 TL Kümmelsamen

150 ml Wasser

Ergibt 150 Milliliter
Zubbereitungszeit: ca. 15 Minuten

ZUBEREITUNG:

1 Den Kümmelsamen im Mörser leicht zerstoßen. Mit 150 Milliliter kochendem Wasser überbrühen und 10 Minuten ziehen lassen. Durch ein feines Sieb abseihen.

Auszug aus getrocketen Pilzen

ZUTATEN:

30 g getrocknete Steinpilze

500 ml Wasser

Etwas Petersilie nach Belieben

Ergibt 500 Milliliter
Zubereitungszeit: 2 ¼ Stunden

ZUBEREITUNG:

1 Die getrocknete Steinpilze in 500 Milliliter Wasser zugedeckt aufkochen, die Hitzezufuhr ausschalten und 2 Stunden ziehen lassen. Den Auszug durch ein Sieb abseihen. Pilze ausdrücken. Bei der Verwendung nach Geschmack mit feingeschnittener Petersilie kombinieren.

→ **HINWEIS:** Wenn Sie Auszüge zum Aromatisieren Ihrer Brühe verwenden, können Sie sie immer auch geschmacklich weiter ergänzen – etwa mit Kokosmilch, Schmand, Crème fraîche, Sahne oder mit Crème double. Wer es vegan bevorzugt, nimmt statt der Milchprodukte Hafersahne oder andere vegane Sahne.

KRÄUTER- UND GEWÜRZMISCHUNGEN FÜR BRÜHEN

so findet jedes Kräutlein in sein passendes Brühchen

MENGEN FÜR CA. 2 L BRÜHE

- 1 Lorbeerblatt, 1 Gewürznelke, einige angedrückte schwarze Pfefferkörner, 1 Zweig Thymian, einige Zweige Petersilie (passt zu Geflügel-, Fleisch- und Gemüsebrühen)
- einige Zweige Petersilie, 1 oberes Ende einer Selleriestange mit Blättern, 1 Zweig Thymian, 1 Zweige Bohnenkraut, etwas Kerbel (für alle Arten von Fleischbrühen)
- 1 Lorbeerblatt, 1/2 Knoblauchzehe, 2 Gewürznelken, 1/2 gebräunte Zwiebel, einige angedrückte weiße Pfefferkörner (zu dunklen, sehr kräftigen Brühen/Fonds)
- je 1 Zweig Thymian und Estragon 3 Zweige Petersilie, 1 oberes Ende einer Selleriestange mit Blättern, ein Streifen Zitronenschale (zu Fischbrühen)
- 1 Zweig Thymian, 1/2 TL Rosmarinnadeln, 1 haselnussgroßes Stück Ingwer, halbiert, 1 angedrückte Knoblauchzehe, 1 kleine getrocknete rote Chilischote, einige Pimentkörner, 1 Zweig Liebstöckel (zu dunkler Rinderbrühe/Kalbsbrühe oder Lammbrühe)

Kleinteilige Zutaten für Ihre Würzmischung geben Sie am besten in Einweg-Beutel, die mitgegart werden können, große Teebeutel sind eine gute Wahl. Oder Sie verwenden ein großes Tee-Ei von 8–10 cm Durchmesser. Wenn Sie ganze Kräuterstängel, große Kräuerblätter und Gemüsestücke verwenden, können Sie diese auch mit Küchengarn zum Strauß zusammenbinden oder lose in der Brühe schwimmen lassen. Letzteres ist auch die Schwimmart der Wahl für ganze Zwiebelhälften.

BESONDERE BRÜHEN UND SUPPEN

In diesem Kapitel geht es abwechselnd europäisch und asiatisch, zwischendurch auch orientalisch zu. Die hier vorgestellten Gerichte zeigen in verschiedensten Ausführungen, wie eine einfache Brühe zu einem komplexen, schmackhaften Gericht wird: Indem man der Brühe regionale Zutaten zufügt, nochmals kocht und sich damit alles zu einem harmonischen Ganzen verbindet. Der geschmackliche Zauber, der den hier vorgestellten Gerichten innewohnt, hat ebenso viel mit den guten Zutaten sowie sorgfältig zusammengestellten Würzzutaten für das eigentliche Gericht zu tun wie mit einer guten Brühengrundlage.

RINDFLEISCHSUPPE

mit Weiderind ein vollendetes Suppenglück

ZUTATEN:

1 große Zwiebel

2 Beinscheiben vom Rind

½ Bund Petersilie

1 Lorbeerblatt

½ TL Senfkörner

2 Nelken

3 Wacholderbeeren

4 Möhren

150 g Knollensellerie

1 Stange Lauch

8 Cocktailtomaten

½ Bund Kerbel (oder Schnittlauch, je nach Geschmack)

Salz

Ergibt 4–6 Portionen
Zubereitungszeit: ca. 2 Stunden

ZUBEREITUNG:

1 Von der Zwiebel nur die äußere der getrockneten Häute abziehen, die Zwiebel quer halbieren und auf der Kochstelle auf Alufolie oder in einer trockenen beschichteten Pfanne rösten, bis sie relativ dunkelbraun ist. Das dauert einige Minuten.

2 In einen großen Topf 3 Liter kaltes Wasser geben. Die gebräunten Zwiebelhälften hineingeben. Dazu die Beinscheiben. Das Wasser bei mittlerer Hitze aufkochen (ohne Deckel). Inzwischen die Petersilie waschen, die Blätter von den Stielen abschneiden. Petersilienstiele, das Lorbeerblatt, die Senfkörner, Nelken und Wacholderbeeren ins Wasser geben.

3 Möhren und Sellerie waschen und putzen, vom Sellerie eine Scheibe (etwa ein Viertel) abschneiden, 2 Möhren grob schneiden und beides ins Wasser geben.

4 Wenn das Wasser zu wallen beginnt, die Hitze zurückschalten und die Brühe gerade so heiß halten, dass sie leise simmert. 1 ½ Stunden köcheln lassen. Nach etwa 15 Minuten ist so viel Schaum aufgestiegen, dass mit einem Sieblöffel abgeschäumt werden muss. Den Schaum vollständig abschöpfen, sobald er aufsteigt.

5 Während die Suppe köchelt, übrige Möhren und das restliche Stück Sellerie in kleine Würfel schneiden (ca. 1,5 Zentimeter groß). Lauch putzen, das dunkle Grün nicht verwenden. Lauchstange längs aufschlitzen und waschen, dabei die einzelnen Schichten aufblättern.

Die Stange dann in 2 Zentimeter dicke Ringe schneiden. Tomaten waschen und halbieren.

6 Nach 1 ½ Stunden Garzeit die Zwiebel aus der Brühe heben, wegwerfen, ebenso die mitgegarten Möhren. Die Beinscheiben ebenfalls herausheben und zum Abkühlen beiseitestellen.

7 Tomaten, Möhren und Sellerie in die kochende Brühe geben. Weiterkochen lassen. Nach ca. 5 Minuten den Lauch zugeben.

8 Während alles weitergart, das Fleisch vom Knochen lösen und in kleine Stücke schneiden, in den Topf geben.

9 Noch 5 bis 10 Minuten garen lassen. Inzwischen Kerbel (oder Schnittlauch) waschen und ebenso wie die zurückbehaltenen Petersilienblättchen fein schneiden. In die Suppe geben und diese mit Salz abschmecken, dann servieren.

TIPP:
Sie können diese Suppe auch noch gehaltvoller machen mit separat in Salzwasser gekochten Kartoffelwürfeln.

VIETNAMESISCHE RINDERBRÜHE

bezaubert mit ihren asiatischen Aromen

ZUTATEN:

1,5 kg Knochen und Kochfleisch vom Rind, z. B. Beinscheiben und Suppenknochen (ohne Mark)

2 große Zwiebeln

60 g Ingwerknolle in dicken Scheiben

3 Kardamomkapseln (schwarz)

2 Stangen Zimt

3 Anissterne

5 Gewürznelken

1 EL Pfefferkörner

5 EL vietnamesische Fischsauce, zusätzlich etwas Fischsauce zum Abschmecken

Salz

Zucker

Ergibt 1,5–2 Liter
Zubereitungszeit: ca. 3 ½ Stunden

ZUBEREITUNG:

1 Knochen und Fleisch kalt abwaschen. Von den Zwiebeln die äußere getrocknete Haut ablösen und dann quer halbieren, auf Alufolie legen und auf der Kochstelle dunkelbraun rösten. Ingwer waschen, in dicke Scheiben schneiden. Kardamom im Mörser andrücken.

2 Knochen in einen Topf geben. Aus den Beinscheiben das Mark herausdrücken und mit dazugeben (siehe Tipp). 2,5 Liter Wasser aufgießen. Alle vorbereiteten Würzzutaten sowie die weiteren Zutaten bis auf Salz und Zucker zugeben.

3 Das Ganze bei mittlerer Hitze offen zum Sieden bringen, Hitze zurückschalten und alles offen ca. 3 Stunden kochen lassen. Die Brühe dann durch ein mit einem Passiertuch ausgelegtes Sieb gießen. Knochenmark durch ein feines Sieb dazupressen. Die Brühe abkühlen lassen und nach Belieben entfetten.

4 Bevor sie als Pho bo mit den auf der nächsten Seite genannten Einlagen serviert wird, die Brühe mit Salz, Zucker und Fischsauce abschmecken.

PHO BO

wunderbare vietnamesische Komposition

ZUTATEN:

ca. 1 Liter vietnamesische Rinderbrühe (siehe Rezept links)

Einlagen:

ca. 50 g gegarte Reisnudeln

100 g rohes Rindfleisch (Filet, wie für Carpaccio geschnitten)

1 Frühlingszwiebel, fein geschnitten

1 kleine Handvoll Mungobohnensprossen, Pfeffer, Chilischote in feinen Ringen, Limettensaft, frische Kräuter wie Minze, Koriander, (Thai-)Basilikum

Für 2 Portionen
Zubereitungszeit: 15 Minuten

ZUBEREITUNG:

1. Die Brühe zum Kochen bringen. In zwei Suppenschalen Reisnudeln geben, darauf Rindfleischscheiben, mit Frühlingszwiebel bestreuen.
2. Mit der kochenden Brühe übergießen und nach Geschmack mit Sprossen bestreuen, mit Pfeffer, Chili, Limettensaft und den Kräutern aromatisieren und servieren.

→ **HINWEIS:** Wie das japanische Dashi wurde diese vietnamesische Brühe ursprünglich als Frühstück verzehrt. Heutzutage wird sie in den Garküchen Vietnams auch den ganzen Tag über verkauft und genossen.

SCHWÄBISCHER LINSENEINTOPF

deftiger Wohlfühl-Klassiker

ZUTATEN:

250 g kleine braungrüne oder braune Linsen (z. B. Puy-, Alb- oder Berglinsen)

1 Bund Suppengrün

1 Zwiebel

2 EL Butterschmalz

1 Scheibe durchwachsener geräucherter Bauchspeck (ca. 200 g)

1 Liter Rindfleisch- oder Gemüsebrühe (Rezepte Seite 48 und 62)

1 dicke Kartoffel

6 Wiener Würstchen

Salz

Pfeffer,

Muskatnuss

Rotweinessig

Ergibt 4 Portionen

Zubereitungszeit: 50–60 Minuten

ZUBEREITUNG:

1 Linsen in einem Sieb waschen. Das Gemüse im Suppengrün-Bund waschen und putzen, fein würfeln. Die beigefügte Petersilie waschen. Zwiebel schälen und in einem großen Topf im Butterschmalz andünsten. Das Suppengrün und die Petersilienstiele dazugeben und kurz mitdünsten.

2 Den Bauchspeck in Streifen schneiden, dazugeben, kurz mitdünsten. Dann die Linsen zugeben und die Brühe. Alles aufkochen und 20 bis 30 Minuten garen, bis die Linsen weich genug sind.

3 Nach einigen Minuten Kochzeit die Kartoffel schälen und auf einer feinen Reibe dazureiben. Die Wiener Würstchen im heißen Eintopf erhitzen.

4 Den Eintopf mit Salz, Pfeffer, Muskat und Essig kräftig abschmecken. Mit fein geschnittenen Petersilienblättchen servieren.

→ **HINWEIS:** Klassisch wird dieser Schwäbische Linseneintopf mit Spätzle serviert.

LINSENSUPPE VON ROTEN LINSEN

verfeinert mit fernöstlichen Aromen

ZUTATEN:

250 g rote Linsen

1 Zwiebel

3 Tomaten

1 kleine Chilischote

4 EL Butterschmalz

1 ½ EL indisches Currypulver

1 Liter Gemüsebrühe (Rezept Seite 62)

1 EL Butterschmalz

5–10 Stiele Koriander

Salz

Ergibt 4 Portionen
Zubereitungszeit: 40 Minuten

ZUBEREITUNG:

1 Die Linsen waschen und abtropfen lassen. Die Zwiebel schälen, halbieren und in feine Streifen schneiden. Die Tomaten anritzen, mit kochendem Wasser überbrühen, kurz darin ziehen lassen, aus dem Wasser nehmen und häuten. Die Tomaten klein schneiden, dabei die Stielansätze entfernen. Die Chilischote waschen, längs aufschlitzen und die Kerne entfernen, die Schotenhälften klein schneiden.

2 In einem großen Topf 2 EL Butterschmalz bei mittlerer Hitze erhitzen, die Chilistücke hineingeben, mit dem Currypulver überstäuben. Kurz braten, bis es gut duftet, dann die Tomatenstücke zugeben, umwenden. Die Gemüsebrühe angießen, die Linsen zugeben.
Die Brühe aufkochen und die Linsen 15 bis 20 Minuten kochen lassen. Sie sollen nicht zu Brei zerkochen.

3 Inzwischen in einer kleinen Pfanne in 1 EL Butterschmalz die Zwiebel appetitlich bräunen. Den Koriander waschen, einen Teil fein schneiden.

4 Die Suppe mit Salz und Koriander abschmecken und mit den gebräunten Zwiebelstreifen sowie mit Korianderblättchen garniert servieren.

TIPPS:
Die Suppe kann mit Joghurt verfeinert werden oder mit etwas Kokosmilch. Wer möchte, brät mit der Zwiebel auch etwas Knoblauch. Die Chilischote kann durch Ingwer ersetzt werden.

TÜRKISCHE JOGHURTSUPPE

mild-sämig und minzaromatisch

ZUTATEN:

100 g Rundkornreis

1,2 Liter Hühnerbrühe (Rezept Seite 56)

400 g Joghurt (10 % Fett)

1 Eigelb (Größe L)

1 EL Mehl

50 g Butter

2 TL getrocknete gerebelte Minze

Salz

Pfeffer

Ergibt 4 Portionen
Zubereitungszeit: ca. 30 Minuten

ZUBEREITUNG:

1 In einem Topf den Rundkornreis mit der Hühnerbrühe zum Kochen aufsetzen. Wenn er kocht, benötigt er ca. 20 Minuten, um gar zu werden.

2 Inzwischen in einer Schüssel Joghurt, Eigelb und Mehl mit einem Schneebesen gut verrühren.
Mit einer Schöpfkelle ein wenig Reiskochbrühe aus dem Topf nehmen und unter Rühren mit dem Schneebesen langsam zur Joghurtmischung gießen. Dies ein paarmal wiederholen, die Joghurtmischung soll auf diese Weise langsam die Temperatur der Brühe annehmen, damit sie nicht ausflockt.

3 Jetzt die Joghurtmischung zum Reis gießen, dabei kräftig rühren. Das Ganze bei mäßiger Hitze weiterköcheln lassen, bis der Reis gar ist.

4 Inzwischen die Butter in einer kleinen Pfanne zerlassen und hell bräunen, die Minze dazugeben, kurz mit anschwitzen. Die Pfanne sofort von der Kochstelle nehmen und die Minzbutter in die Suppe rühren. Die Joghurtsuppe kräftig mit Salz und Pfeffer abschmecken.

TIPP:
Mehr geschmackliche Tiefe bekommt die Suppe, wenn Sie die Butter mit einer Prise Lebkuchengewürz bräunen bzw. mit je einer Prise gemahlener Nelke und gemahlenem Zimt.

FISCHSUPPE AUS SÜSSWASSERFISCHEN AUF DER BASIS VON FISCHBRÜHE

besonders fein durch Fischbrühe

ZUTATEN:

300 g Möhren
500 g Kartoffeln
1 große Zwiebel
1,5 Liter Fischbrühe (Rezept Seite 60)
1 Lorbeerblatt
1 Bund Dill
1 Bund Schnittlauch
500 g Filet von Süßwasserfischen (z. B. Forelle bzw. Lachsforelle, Saibling, Zander, Wels)
100 g Sahne
Salz
Pfeffer

Ergibt 4 Portionen
Zubereitungszeit: ca. 45 Minuten

ZUBEREITUNG:

1 Die Möhren waschen und putzen. Die Kartoffeln schälen. Beides in kleine, ca. 1 Zentimeter große Stücke schneiden. Die Zwiebel schälen, vierteln und in feine Streifen schneiden.

2 Fischbrühe in einen Topf gießen, das vorbereitete Gemüse und das Lorbeerblatt hineingeben. Das Ganze zugedeckt aufkochen und ab dem Zeitpunkt, wenn die Brühe kocht, ca. 20 Minuten leise köcheln lassen. Kartoffeln und Möhren sollen anschließend gar, aber noch fest sein.

3 Inzwischen Dill und Schnittlauch waschen, Dillblättchen fein hacken, Schnittlauch in Röllchen schneiden.

4 Die Hitzezufuhr ausschalten. Das Fischfilet in mundgerechte Stücke schneiden, mit den Kräutern in die Brühe geben und darin zugedeckt ca. 8 Minuten ziehen lassen.

5 Die Suppe mit Sahne verfeinern, mit Salz und Pfeffer abschmecken.

MUSCHELBRÜHCHEN

zauberhafte Aromenkomposition

ZUTATEN:

2 kg frische Miesmuscheln
1 mittelgroße Möhre
1 Stück Lauch (nur das Weiße)
1 Zwiebel
1 Knoblauchzehe
40 g Butter
50 ml Wermut (Aperitivwein) nach Geschmack
200 ml trockener Weißwein
1 Lorbeerblatt
1 Zweig Thymian
200 ml Fischbrühe (siehe Seite 60)
einige Zweige Petersilie
100 g Crème fraîche
100 g Sahne

Ergibt 4 Portionen
Zubereitungszeit: ca. 25 Minuten

ZUBEREITUNG:

1 Muscheln in ein Sieb geben und unter kaltem Wasser abbrausen. Falls die Schalen schmutzig sind, diese schrubben und gegebenenfalls Fäden entfernen. Muscheln nochmals abbrausen, abtropfen lassen. Bereits geöffnete Muscheln wegwerfen (gilt nicht für TK-Ware.)

2 Möhre und Lauch waschen und putzen. Die Zwiebel und den Knoblauch schälen und alles in sehr feine Würfel schneiden.

3 In einem Topf die Butter erhitzen und Gemüse, Zwiebeln und Knoblauch darin bei mittlerer Hitze anschwitzen, ohne dass etwas Farbe annimmt.

4 Die Muscheln zugeben und mit dem Wermutwein, falls verwendet, übergießen, dann den Weißwein zugießen, das Lorbeerblatt und den Thymianzweig dazulegen und den Wein bei starker Hitze etwas verdampfen lassen, dabei die Muscheln immer wieder wenden.

5 Dann die Fischbrühe dazugießen, aufkochen und die Muscheln 5 bis 6 Minuten garen. Inzwischen die Petersilie waschen und die Blättchen klein schneiden. Hinzufügen. Crème fraîche und Sahne einrühren.

6 Die Muscheln mit dem Sud auf tiefe Teller geben. Noch geschlossene Muscheln wegwerfen. Dazu passt kräftiges Brot, z.B. dunkles Roggenbrot oder Schwarzbrot, mit Kräuter- oder Knoblauchbutter.

JAPANISCHES DASHI – FISCHSUD

DIE japanische Brühe: Meeresaroma wie es schöner nicht geht

ZUTATEN:

10 g Kombu (getrocknete Braunalge, Asialaden)

1 Liter weiches, gegebenenfalls entkalktes Trinkwasser bzw. stilles Mineralwasser

4 Eiswürfel

20 g Bonitoflocken (Katsuobushi, Asialaden)

Ergibt 4 Portionen
Zubereitungszeit: 25 Minuten

TIPP:
Für die Zubereitung des zweiten Dashi als Grundlage für Schmorgerichte das bereits einmal verwendete Algenstück sowie die Bonitoflocken mit 1 Liter Wasser bei starker Hitze aufkochen. Die Hitze ausschalten, 2 EL frische Bonitoflocken zugeben, warten, bis diese zu Boden gesunken sind, dann die Alge herausnehmen und die Brühe durch ein feines Sieb umgießen. Die Bonitoflocken leicht ausdrücken.

ZUBEREITUNG:

1 Kombu in einem Topf mit 1 Liter kaltem Wasser zum Kochen aufsetzen. Dabei die Temperatur nur auf schwache bis mittlere Hitze einstellen, sodass das Wasser nur allmählich zu kochen beginnt. Wenn das Wasser gerade zum Wallen kommt, Kombu herausnehmen und in eine Schüssel geben. Wenn der Seetang noch hart ist, etwas von der Brühe darübergeben und darin einige Minuten ziehen lassen. Brühe (ohne Alge) dann wieder zurück in den Topf gießen. Die Alge nicht wegwerfen, aus ihr kann noch ein zweiter Sud gekocht werden (siehe Tipp).

2 Die Eiswürfel in die Brühe geben, die Bonitoflocken einstreuen und die Brühe nochmals aufkochen (das darf diesmal auch bei hoher Temperatur sein). Wenn das Wasser kocht, die Temperatur ausstellen und, sobald die Bonitoflocken auf den Topfboden gesunken sind, die Brühe durch ein feines Sieb in einen sauberen Topf umgießen. Die Flocken nur abtropfen lassen, nicht ausdrücken, sonst schmeckt die Brühe unangenehm fischig.

→ **HINWEIS:** Das Dashi noch am selben Tag etwa als Grundlage für Misosuppe (Rezept Seite 104) verwenden.

VEGETARISCHES DASHI

dank der Shiitake köstlich »umami«

ZUTATEN:

1 großes Stück Kombu (10 g)

1–2 getrocknete Shiitakepilze

1 Handvoll getrocknete Mischpilze (Supermarkt)

Ergibt ½ Liter (4 kleine Portionen)
Zubereitungszeit: ca. 30 Minuten plus Einweichzeit über Nacht

ZUBEREITUNG:

1 Am Vortag Kombu und Pilze in eine Schüssel geben, mit so viel kaltem Wasser übergießen, dass alles bedeckt ist. Abgedeckt ziehen lassen.

2 Am nächsten Tag das Wasser auf 500 Milliliter auffüllen. Das Ganze in einen Topf umfüllen. Bei niedriger Temperatur erhitzen, sodass das Wasser nur allmählich zum Kochen kommt. Wenn das Wasser gerade zu wallen beginnt, die Alge herausnehmen und in eine Schüssel geben. Etwas von der Brühe zugeben und darin 10 Minuten ziehen lassen. Währenddessen die Brühe mit den Pilzen darin leise köcheln lassen. Die Einweichbrühe für das Kombu (ohne die Alge) wieder zurück in den Topf geben.

→ **HINWEIS:** Anregungen für Einlagen finden Sie bei der Miso-Suppe auf Seite 104. Sie können die Brühe aber auch als Basis für Fischsuppen und Eintöpfe mit Fisch und Meeresfrüchten aus der europäischen Küche verwenden.

MISO-SUPPE

würzig-aromatische japanische Grundbrühe

ZUTATEN:

1 L Dashi (Dashi-Rezept auf Seite 104)

2 EL Miso (Sojabohnenpaste)

Für 4 Portionen
Zubereitungszeit: ca. 25 Minuten

ZUBEREITUNG:

1 Dashi in einem Topf aufkochen und die Einlagen darin garen bzw. erhitzen. Ideen für Einlagen siehe unten.

2 Erst wenn die Einlagen gar/heiß sind, die Miso-Paste einrühren – und zwar nach und nach. Das Miso soll den feinen Geschmack der Dashi-Brühe keinesfalls überdecken.

→ MÖGLICHE EINLAGEN:

- Klassisch sind Rettichstücke (am besten der milde japanische Rettich), er zieht in der Suppe gar.
- Tofustücke, Wakame-Algen, Pilze brauchen nur kurz in der Brühe zu ziehen, sie kommen erst dazu, wenn der Rettich weich gegart ist.
- Sie können ganz nach eigenem Geschmack auch herumexperimentieren: Kombinieren Sie die traditionellen japanischen Zutaten doch einmal mit in feine Streifen geschnittenen Möhren oder mit Zucchinischeibchen, geben Sie Zuckerschoten oder Lauchstreifen hinein oder Frühlingszwiebeln, Blumenkohl- oder Brokkoliröschen, ergänzen Sie mit Kräuterblättchen, etwa Petersilie, Kerbel oder mit Schnittlauchröllchen.

Japanisches Brühefrühstück, deutsch interpretiert

In Japan wird niemals süß gefrühstückt, sondern immer sehr herzhaft. Servieren Sie ein solches Frühstück daher besser als Mittags- oder Abendmahlzeit. Hier eine japanisch-deutsche Interpretation des Themas:

Es gehört in jedem Fall eine Miso-Suppe (siehe links) und Reis dazu, außerdem frischer oder geräucherter Fisch. Frischer Fisch zum Rohessen, also in Sushi-Qualität, ist nicht überall zu bekommen, daher bevorzuge ich geräucherten Fisch, z. B. Forelle, Lachsforelle, Lachs. Mit auf den Tisch kommen Wasabi zum Fisch und Sojasauce für den Reis. Wer möchte, serviert noch Ei, klassisch wäre z. B. ein Omelett, aber warum nicht auch einmal ein gutes deutsches Spiegelei? Richten Sie noch ein bisschen Rohkost an oder reichen Sie Weißkohlsalat oder eingelegten Kürbis dazu, das rundet die Mahlzeit farblich und geschmacklich ab.

KARTOFFELSUPPE

wärmend und wunderbar sättigend

ZUTATEN:

600 g mehlig kochende Kartoffeln

2 Zwiebeln

2 EL Rapsöl

800 ml Gemüsebrühe (z. B. nach dem Rezept auf Seite 62 zubereitet)

1 Lorbeerblatt

2 Zweige Thymian

100 g Crème fraîche

Salz

Pfeffer

Muskatnuss

einige Blätter Petersilie und Minze

Sahnemeerrettich

100 g gepulte Nordseekrabben

Ergibt 4 Portionen
Zubereitungszeit: ca. 1 Stunde

ZUBEREITUNG:

1 Die Kartoffeln und Zwiebeln schälen, Kartoffeln in große, Zwiebeln in feine Würfel schneiden. Dann das Gemüse bei mittlerer Hitze in einem Topf im Öl einige Minuten dünsten, häufig umwenden. Mit der Brühe ablöschen, Lorbeerblatt und Thymian dazugeben.

2 Alles aufkochen lassen und zugedeckt bei mittlerer Hitze ca. 30 Minuten garen. Lorbeerblatt und Kräuter entfernen und die Suppe mit dem Kartoffelstampfer pürieren. Die Crème fraîche einrühren. Die Konsistenz der Suppe gegebenenfalls durch Zugabe von etwas Wasser anpassen. Mit Salz, Pfeffer und Muskatnuss würzen.

3 Petersilie und Minze fein schneiden und die Suppe damit sowie mit 1 EL Sahnemeerrettich geschmacklich verfeinern. Die Suppe mit den Nordseekrabben anrichten.

→ **HINWEIS:** Nach diesem Rezept können Sie auch anderes stärkereiches Gemüse zubereiten, z. B. Mairübchen, Möhren oder Pastinaken. Probieren Sie es auch einmal mit anderen frischen Kräutern wie Kerbel, Majoran oder Schnittlauch und finden Sie Ihre Lieblingskombination.

MINESTRONE MIT HÜHNERBRÜHE

Potpourri im Suppentopf: bunter italienischer Familienklassiker

ZUTATEN:

250 g Kartoffeln
2 mittelgroße Möhren
150 g Zucchini
150 g Blumenkohl
4 Stangen Staudensellerie
200 g Zuckerschoten
1 Bund Petersilie
5 EL Olivenöl
1 Lorbeerblatt
2 Liter heiße Hühnerbrühe (siehe Seite 56)
1 Zwiebel
1 Knoblauchzehe
50 g gewürfelter durchwachsener Speck
ca. 150 g gegarte weiße Bohnenkerne
2 Romatomaten
50 g Hörnchennudeln
Salz
Pfeffer
Basilikum
etwas geriebener Parmesan

Ergibt 4–6 Portionen
Zubereitungszeit: ca. 50 Minuten

ZUBEREITUNG:

1 Gemüse für die Suppe vorbereiten: Kartoffeln schälen und in Stücke schneiden (knapp 2 Zentimeter), die Möhren und Zucchini waschen, putzen und in Scheiben schneiden, dabei die Zucchini gegebenenfalls vorher längs halbieren. Blumenkohl waschen und in Röschen zerteilen. Stielanteile mundgerecht schneiden. Staudensellerie waschen, putzen und die Stangen quer in ca. 1 Zentimeter dünne Scheiben schneiden. Zuckerschoten waschen.

2 Die Petersilie waschen, trockenschütteln und die Hälfte der Stängel zu einem Bund binden und in die Suppe geben. Von der restlichen Petersilie die Blätter fein schneiden und beiseitestellen.

3 Das Olivenöl in einem großen Topf erhitzen, Kartoffeln und Möhren darin unter Rühren bei schwacher bis mittlerer Hitze anschwitzen, ohne dass sie Farbe annehmen. Nach ca. 5 Minuten Zucchini, Blumenkohl und Sellerie zugeben und kurz mitschwitzen.

4 Das Lorbeerblatt einlegen und mit der Brühe aufgießen. Den Deckel nicht ganz auflegen, sondern einen Spalt offen lassen, die Suppe aufkochen und ca. 20 Minuten kochen lassen.

5 Zwiebel und Knoblauch schälen und fein schneiden. In einer Pfanne den Speck auslassen, Zwiebel und Knoblauch zugeben und mitbraten, das Ganze soll dabei nur sehr hell bräunen (oder gar nicht). Die Bohnen abtrop-

fen lassen und zusammen mit dem Speck in die Suppe geben, weitergaren.

6 Die Tomaten anritzen, mit kochendem Wasser überbrühen, einige Minuten im Wasser liegen lassen. Inzwischen für die Nudeln Kochwasser aufsetzen. Von den Tomaten die Haut abziehen und die Tomaten klein würfeln, ebenfalls in die Suppe geben und diese fertiggaren (Kartoffeln und Möhren sollten weich sein). Die Nudeln separat nach Packungsanweisung garen, abgießen und in die Suppe geben. Diese mit Salz und Pfeffer abschmecken. Einige Basilikumblätter fein schneiden und einrühren.

7 Bei Tisch würzt jeder die Suppe nach Geschmack mit Parmesan.

Minestrone-Wunschkonzert

Auf der Basis dieses Rezepts kann man unzählige Varianten kreieren, mit grünen Bohnen statt Bohnenkernen, mit anderem Kohlgemüse, z. B. Weißkohl oder die zarteren Varianten wie Spitzkohl oder Jaroma-Kohl oder mit Wirsing. Statt Staudensellerie passt auch Knollensellerie, statt Nudeln natürlich Reis. Statt Kartoffeln passen auch Süßkartoffeln. Oder Sie lassen die Kartoffeln ganz weg und ergänzen mehr Nudeln, Reis oder auch anderes gegartes Getreide (z. B. Weizen oder Nackthafer). Wer möchte, verfeinert die Gemüsesuppe mit Pesto oder schärft sie mit Chili (Pulver, Tabasco).

BRÜHEN MIT BISS

Am Anfang war der Topf … und dann kam schon bald die Brühe. Und dann kamen immer mehr Nahrungsmittel dazu, die gekocht besser schmecken als roh. Oder die überhaupt nur gekocht genossen werden können. Und weil Haushaltsgeschäfte noch nicht erfunden waren, gab es immer noch nur den einen Topf über dem Feuer. Den mit der Brühe. Dorthinein wurde dann das übrige gegeben, und das ließ die Brühe über sich selbst hinauswachsen. Kommen Sie mit auf eine Stippvisite in der wunderbaren Welt der Eintopfgerichte.

JAPANISCHER WINTEREINTOPF

grün-weiße Löffelspeise mit japanischen Würznoten

ZUTATEN:

2 Hähnchenbrustfilets ohne Haut

¼ Kopf Chinakohl

3 Lauchzwiebeln

200 g Rettich (ideal: japanischer Rettich, er ist besonders mild)

100 g Pilze nach Wahl (braune Egerlinge, Shiitake, Kräutersaitlinge)

100 g Zuckerschoten

1 walnussgroßes Stück Ingwer

300 g fester Tofu

Ponzu-Sauce (Rezept gegenüber)

Salz

Ergibt 4 Portionen
Zubereitungszeit: ca. 40 Minuten

ZUBEREITUNG:

1 Das Hähnchenfleisch waschen, trocken tupfen und in Stücke von ca. 3 Zentimetern schneiden.
Chinakohl in Blätter zerteilen, waschen, putzen und die Blätter in grobe Stücke schneiden. Lauchzwiebeln waschen, putzen, längs halbieren und quer in 3 Zentimeter lange Stücke schneiden.

2 Rettich waschen, in ca. 1 Zentimeter dicke Scheiben schneiden, diese halbieren oder nach Belieben auch vierteln. Die Pilze putzen, trockene Stielanschnitte anschneiden. Die Pilze gegebenenfalls in mundgerechte Stücke schneiden, kleine Pilze ganz lassen. Die Zuckerschoten in einem Sieb mit lauwarmem Wasser gründlich abbrausen.

3 Den Ingwer schälen und sehr fein würfeln. In einen großen weiten Topf Hähnchenfleisch, Chinakohl, Rettich und Ingwer geben und so viel kaltes Wasser zugießen, bis das Fleisch und das Gemüse gerade bedeckt sind. Das Wasser aufkochen, 5 Minuten kochen lassen.

4 Inzwischen den Tofu in ca. 3 Zentimeter große Würfel schneiden. Dann mit den Pilzen und den Zuckerschoten ins Wasser geben, alles weitere 5 Minuten kochen. Nach dem Portionieren würzt jeder bei Tisch mit Ponzu-Sauce und gegebenenfalls mit Salz.

TIPP:
In Japan wird dieses Wintergericht bei Tisch gekocht wie bei uns Fondue. Die Japaner verwenden einen flachen, sich nach oben weitenden Topf, sodass darin möglichst viele Zutaten vor sich hin garen können. Die vorbereiteten Zutaten werden nach und nach zugegeben.

JAPANISCHE PONZU-SAUCE

sauer-salzig-würzig und ganz köstlich aromatisierend

ZUTATEN:

100 ml Sojasauce

50 ml Mirin (süßer Reiswein)

ca. 7 g Kombu/Stück von ca. 5 cm (getrockneter Seetang)

1 kleine Handvoll Katsuobushi (getrocknete Bonitoflocken)

50 ml frisch gepresster Orangensaft (1 Orange)

50 ml frisch gepresster Zitronensaft (1–2 Zitronen)

2 EL Puderzucker

Ergibt ca. 250 Milliliter Sauce
Zubereitungszeit: 45 Minuten

ZUBEREITUNG:

1 Sojasauce, Reiswein, Seetang und Bonitoflocken in einen Topf geben, aufkochen, die Hitze zurückschalten und das Ganze einige Minuten sanft köcheln lassen. Den Topf von der Kochstelle nehmen und die Mischung 30 Minuten ziehen lassen.

2 Inzwischen die Orange und die Zitrone(n) auspressen und jeweils 50 Milliliter abmessen.

3 Die Sauce im Topf durch ein Sieb in eine Schüssel umgießen und so den Seetang und die Fischflocken entfernen. Beides mit einem Löffel ausdrücken.

4 Die Zitrussäfte und den Zucker in die Sauce einrühren. Mit etwas mehr Zitrone nach Belieben abschmecken.

→ **HINWEIS:** Was von der Sauce nicht sofort verbraucht wird, kann man einige Tage im Kühlschrank aufbewahren. Ponzu passt auch gut zu gegrilltem Fleisch sowie zu Fisch aller Art, man kann damit Suppen und Eintöpfe mit Fisch und Meeresfrüchten sowie Salate würzen.

BOHNENEINTOPF MIT LAMM

gesunde Sommerküche mit Pfiff

ZUTATEN:

500 g Lammrippe oder Suppenfleisch vom Lamm

1,5 Liter Lammbrühe (siehe Seite 59)

300 g grüne Bohnen

300 g Süßkartoffeln

1 Zwiebel

1 Knoblauchzehe

200 g Kidneybohnen aus der Dose, gewaschen und abgetropft

2 EL Öl

5 Zweige Bohnenkraut

Salz

Pfeffer

etwas Petersilie

Ergibt 4 Portionen
Zubereitungszeit: 1 ¼ Stunden

ZUBEREITUNG:

1 Das Lammfleisch kalt abspülen und Zimmertemperatur annehmen lassen. Das Fleisch in der kalten Lammbrühe ansetzen, bei mittlerer Hitze aufkochen und ca. 45 Minuten garen.

2 Inzwischen die grünen Bohnen waschen und putzen, gegebenenfalls quer halbieren. Die Süßkartoffeln schälen und in Würfel von ca. 1,5 Zentimetern schneiden. Zwiebel und Knoblauch schälen und fein schneiden.
In einer großen Pfanne oder einem Topf das Öl erhitzen, Zwiebel und Knoblauch darin andünsten, ohne dass sie Farbe nehmen. Grüne Bohnen, Kidneybohnen und Süßkartoffeln dazugeben, alles kurz andünsten. Von der Kochstelle nehmen.

3 Das Fleisch nach 45 Minuten oder wenn es zart ist aus der Brühe nehmen.

4 Beide Sorten Bohnen, die gewürfelten Süßkartoffeln und 3 Stängel Bohnenkraut 15 Minuten in der Fleischbrühe kochen, mit Salz und Pfeffer würzen.

5 Das Lammfleisch vom Knochen lösen. Die Bohnenkrautstängel entfernen, dann das ausgelöste Fleisch hinzufügen.

6 Vom restlichen Bohnenkraut die Blättchen abzupfen, die Petersilie schneiden und den Eintopf mit den Kräutern bestreut servieren.

BORSCHTSCH

Klassiker mit Hang zum gesunden Allheil-Hausmittel

ZUTATEN:

1 kleiner Kopf Weißkohl (400 g)
150 g Möhren
1 Petersilienwurzel
2 Knollen Rote Bete, küchenfertig vorbereitet (vakuumverpackt)
5 Kartoffeln
5 Tomaten
2 Zwiebeln
2 Knoblauchzehen
2 Gewürznelken
ca. 2,5 Liter Rindfleischbrühe oder Hühnerbrühe (Rezept Seite 48 bzw. 56)
1 Lorbeerblatt
3 EL Öl
2 EL Tomatenmark
Salz
Pfeffer
Paprikapulver
Zucker bzw. Essig nach Geschmack
je ½ Bund Dill und Petersilie
ca. 200 g saure Sahne

Ergibt 6–8 Portionen
Zubereitungszeit: 1 Stunde

ZUBEREITUNG:

1 Weißkohl, Möhren und Petersilienwurzel waschen und putzen. Weißkohl in feine Streifen schneiden. Rote Beten, Möhren und Petersilienwurzel in feine Streifen hobeln. Kartoffeln schälen grob würfeln. Tomaten waschen, halbieren, den Stielansatz herausschneiden. Zwiebeln und Knoblauch schälen. Die Zwiebeln halbieren, eine Hälfte mit den Nelken bestecken. Die übrigen Zwiebeln und den Knoblauch fein würfeln.

2 In einem großen Topf die Brühe mit dem Lorbeerblatt aufkochen. Weißkohl, Kartoffeln und Tomaten in die Brühe geben, einige Minuten kochen lassen, dann die Haut von den Tomatenhälften abziehen und wegwerfen. Den Eintopf zugedeckt weiterkochen lassen.

3 Inzwischen in einer Pfanne 3 EL Öl erhitzen, die Zwiebeln und den Knoblauch darin anschwitzen, sie sollten nur ganz wenig Farbe annehmen. Möhren-, Rote-Beten- und Petersilienwurzelstreifen zugeben und 5 Minuten mitbraten. Zum Schluss das Tomatenmark unterrühren, einige Minuten mitbraten und alles in den Topf geben. Den Eintopf mit Salz, Pfeffer und Paprikapulver würzen. Noch 15 bis 20 Minuten köcheln lassen, dann mit Zucker und Essig abschmecken.

4 Dill und Petersilie waschen und die Blättchen fein schneiden. Das Zwiebelstück entfernen und die Kräuter einrühren, vor dem Servieren kurz ziehen lassen. Bei Tisch mit saurer Sahne verfeinern.

TIPPS:
Dieser Eintopf gewinnt, wenn man ihn ein zweites Mal aufwärmt. Darum sollte er mindestens in der oben angegebenen Menge zubereitet werden. Er lässt sich selbstverständlich auch einfrieren, falls man nicht zwei Tage hintereinander Borschtsch genießen möchte. Wer es ganz vegetarisch mag, nimmt Gemüsebrühe als Basis.

TIPP:
Das Risotto kann auch mit Kalbsleber zubereitet werden. Dann zum Angießen des Reises die entsprechende Brühe verwenden.

RISOTTO MIT LEBER

wert, nicht in Vergessenheit zu geraten

ZUTATEN:

ca. 8 Salbeiblätter (nach Geschmack)
300 g Gänseleber (oder so viel, wie man vom Geflügelklein da hat)
ca. 1 Liter Gänsebrühe (siehe Seite 58)
1 Zwiebel
1 Knoblauchzehe
90 g Butter
300 g Risottoreis
150 ml Portwein
60 g Parmesan, fein gerieben
Salz
Pfeffer

Ergibt 4 Portionen
Zubereitungszeit: ca. 45 Minuten

ZUBEREITUNG:

1 Salbei waschen, trocken tupfen. 5 Blätter in feine Streifen schneiden. Die Leber waschen, trocken tupfen und in ca. 2 Zentimeter große Stücke schneiden. Abdecken und zur Seite stellen. Die Gänsebrühe erhitzen und warm halten.

2 Zwiebel und Knoblauch schälen und fein würfeln. In einem Topf in 30 Gramm Butter hell anschwitzen, den Reis zugeben, unter Rühren mit der Butter überziehen.

3 So lange rühren, bis die Körner etwas glasig sind. Die Hälfte vom Wein angießen, unter Rühren verdampfen lassen. Dies wiederholen. Nun mit einem Schöpflöffel heiße Brühe zugeben, sodass der Reis völlig bedeckt ist, und unter Rühren einkochen lassen. Dies immer wiederholen und auf diese Weise den Reis in ca. 20 Minuten gar kochen. Er soll weich, aber noch bissfest sein. Nach etwa 10 Minuten den Salbei zugeben (gegebenenfalls erst einen Teil davon, später nach Geschmack mehr). Wenn der Reis fast gar ist, den Parmesan und ca. 30 Gramm Butter einrühren. Mit Salz und Pfeffer abschmecken, durchziehen lassen, bis die Leber gebraten ist.

4 Die restliche Butter in einer Pfanne erhitzen, die Leber mit 3 Blättern Salbei rundum in nur wenigen Minuten braten, sie soll noch leicht rosa sein. Salzen und pfeffern und abgedeckt kurz ziehen lassen. Dann die Leber zum Risotto servieren.

TAFELSPITZ

so einfach wie edel – miraculös und zeitlos

ZUTATEN:

1 kg Kalbsknochen (vom Metzger gesägt)

1,2 kg Kalbstafelspitz

1 große Zwiebel

1 Bund Suppengrün

1 Bund Petersilie

2 Stängel Liebstöckel

1 EL Pfefferkörner

2 Gewürznelken

2 Lorbeerblätter

Für die Einlage:

2 Möhren

2 Pastinaken

3 Stangen Staudensellerie

1 Stange Lauch

600 g Kartoffeln

Sahnemeerrettich oder Kräuterquark mit Meerrettich zum Servieren

Ergibt 6 Portionen
Zubereitungszeit: 2 ¼ Stunden

ZUBEREITUNG:

1 Knochen und Fleisch in einen großen Topf geben. Mit 3,5 Litern kaltem Wasser auffüllen, bei mittlerer Hitze langsam zum Kochen bringen. Von der Zwiebel die äußerste getrocknete Haut abziehen, Zwiebel halbieren, in einer beschichteten Pfanne (ohne Fett) dunkel bräunen.

2 Von der Brühe aufsteigenden Schaum mit einem Schaumlöffel abheben. Das Suppengrün waschen und putzen, in grobe Stücke schneiden. In die Brühe geben. Petersilie und Liebstöckel waschen. Von der Petersilie die Blätter abschneiden, beiseitelegen, die Stängel mit dem Liebstöckel und allen Gewürzen in die Brühe geben, 1 ½–1 ¾ Stunden kochen.

3 Für die Einlage Möhren, Pastinaken, Staudensellerie und Lauch waschen und putzen. Die Kartoffeln schälen. Alles in ca. 4 Zentimeter große Stücke schneiden.

4 Das Fleisch aus der Brühe nehmen, in Alufolie wickeln und im auf ca. 80 °C eingestellten Ofen warm halten. Die Brühe durch ein mit einem Passiertuch ausgelegtes Sieb gießen. Wieder zurück in den Topf füllen. Möhren, Pastinaken und Kartoffeln in die Brühe geben. Zugedeckt 10 bis 12 Minuten garen. Dann Staudensellerie und Lauch dazugeben, 10 bis 12 Minuten garen.

5 Vom Fleisch den Fettdeckel entfernen und den Tafelspitz in 2 Zentimeter dicke Scheiben schneiden. Mit den Kartoffeln und dem Gemüse in Teller geben, mit Brühe übergießen und mit Petersilie garnieren.

TIPP:
Wenn die Brühe klarer bleiben soll, die Kartoffeln separat garen.

TIPP:
Das bayerische Traditionsgericht ist hier in der Würzung etwas variiert. Außerdem können in die Sülze, bevor sie geliert, noch bissfest gegarte Möhrenscheibchen, Scheiben von hart gekochten Eiern und kleine saure Gurken. Die Sülze wird mit einer Essig-Öl-Marinade und Zwiebeln zu Brot oder Bratkartoffeln serviert.

GELIERTE BRÜHE: SCHWEINSPFOTEN-SÜLZE

die Füße vom Schwein: ein Gelierwunder

ZUTATEN:

1 kg Schweinepfoten, vom Metzger in Stücke gehackt

1 Zwiebel

1 Stange Staudensellerie

1 Stange Lauch

2 Knoblauchzehen

6–8 Zweige Thymian

Salz

2 Lorbeerblätter

1 EL schwarze Pfefferkörner

200 ml trockener Sherry

Essig nach Belieben

Außerdem: Einwegrasierer

Für 4 Portionen
Zubereitungszeit: ca. 4 Stunden

ZUBEREITUNG:

1 In einem Topf reichlich Wasser aufkochen und die Pfotenstücke darin blanchieren. Dann die erkalteten Pfoten sorgfältig rasieren und nochmals waschen.

2 Zwiebel schälen und in grobe Stücke schneiden. Den Staudensellerie waschen, putzen und in Stücke schneiden. Den Lauch waschen, putzen, aufschlitzen und auch innen waschen, dabei die Blattschichten aufblättern. Knoblauchzehen schälen, halbieren oder vierteln. Thymian waschen. Alles zusammen in einen Topf geben, mit 2,5 Liter kaltem Wasser aufgießen, 1 TL Salz zugeben.

3 Das Wasser bei mittlerer Hitze aufkochen lassen, abschäumen, dann 3 Stunden simmern lassen, dabei aufsteigenden Schaum immer wieder abschäumen.

4 Schweinepfoten aus der Brühe heben, Fleisch und Haut vom Knochen lösen, in gabelgerechte Stücke schneiden und in eine Schüssel geben. Die Brühe durch ein Passiertuch dazugießen, erkalten lassen, am besten über Nacht.

5 Das Fett von der gelierten Brühe abheben, die Konsistenz prüfen. Alles nochmals zurück in den Topf geben. War das Gelee zu fest, noch etwas Wasser dazugeben. Anderenfalls das Ganze noch etwas einkochen lassen. In Portionsschüsseln oder tiefe Teller gießen, erkalten lassen.

TOMATENSUPPE MIT WEISSEN BOHNEN

fruchtig-apart und angenehm sättigend

ZUTATEN:

500 g Tomaten

1 Gemüsezwiebel

1–2 Zehen Knoblauch

½ Bund Petersilie

1 Dose gegarte weiße Bohnen (ca. 400 g)

3 EL Öl

2 EL Tomatenmark

0,8–1 Liter Hühnerbrühe (siehe Seite 56; oder andere Brühe)

Salz

1 Prise Zucker

Chilipulver

Paprikapulver edelsüß

Ergibt 4 Portionen
Zubereitungszeit: 40 Minuten

ZUBEREITUNG:

1 Tomaten etwas einschneiden, mit kochendem Wasser überbrühen und etwas darin liegen lassen, damit die Haut leicht abzuziehen ist.

2 Inzwischen Zwiebel und Knoblauch schälen, beides fein schneiden. Petersilie waschen, die Blätter ebenfalls fein schneiden. Die Bohnen abgießen. Die Tomaten abgießen, die Haut abziehen, Tomaten in grobe Stücke schneiden, dabei die Stielansätze entfernen.

3 In einem Topf das Öl erhitzen, Zwiebel und Knoblauch darin unter Wenden andünsten, bis beides ganz leicht Farbe annimmt. Das Tomatenmark dazugeben, kurz mitrösten.

4 Tomaten mit dem Saft in den Topf geben, unter Rühren kurz dünsten, die Bohnen dazugeben und mit 800 Milliliter Hühnerbrühe aufgießen. Den Eintopf mit Salz, einer Prise Zucker, etwas Chilipulver und Paprikapulver würzen und alles 20 Minuten zugedeckt leise köcheln lassen.

5 Hitzezufuhr ausschalten. Die Petersilie einrühren, in der Suppe noch einige Minuten mitziehen lassen, die Tomatensuppe dann abschmecken und servieren.

Zum Weiterlesen …

WEITERE BÜCHER ZUM THEMA BRÜHE:

Canora, Marco: Brodo: Das Brühenkochbuch für Gesundheit & Genuss, Südwest Verlag

Eschbach, Constanze von: Die magische Knochenbrühe, Kopp

Grillparzer, Marion: Die Suppe heilt: Trend-Food Brühe für mehr Energie, weniger Pfunde und einen fitten Darm, GU

McGruther, Jennifer: Brühe & mehr: Gesundheit aus dem Suppentopf, Knesebeck

Morell, Sally Fallon, Kaayla T. Daniel: Die Super-Suppe: Nährstoffwunder Knochen- und Fleischbrühe: Jahrhundertealtes Ernährungswissen und neue Rezepte, VAK

Resnick, Ariana: Superfood Knochenbrühe: Gesundheitselixier, Heiltrunk und Faltenkiller aus dem Suppentopf, Riva

WEITERE BÜCHER DER AUTORIN CLAUDIA LENZ:

Low Carb – Das 8-Wochen-Programm: Wenig Kohlenhydrate – viel abnehmen, Trias

Low Carb vegetarisch: Wenig Kohlenhydrate – viel abnehmen, Trias

Low Carb – Minutenkochbuch: 100 Rezepte von 5 bis 60 Minuten, Trias

Low Carb Tagesplaner: 130 Rezepte clever kombiniert, Trias

Das Darm-Kochbuch: Rezepte für ein gutes Bauchgefühl und ein starkes Immunsystem, ZS Verlag

Über die Autorin

Claudia Lenz ist Ökotrophologin und arbeitet als Lektorin und Autorin von Büchern zu Ernährungs- und Gesundheitsthemen. Aus ihrer Feder stammt unter anderem der Bestseller »Low-Carb« aus dem Trias-Verlag. Sie wohnt mit ihrer Familie in Essen.

Wenn sie nicht gerade ihr eigenes Süppchen kocht oder genussvoll eine Brühe schlürft, geht sie in ihrer Freizeit gerne klettern oder begibt sich auf Entdeckertour durch die Industrielandschaften des Ruhrgebiets.

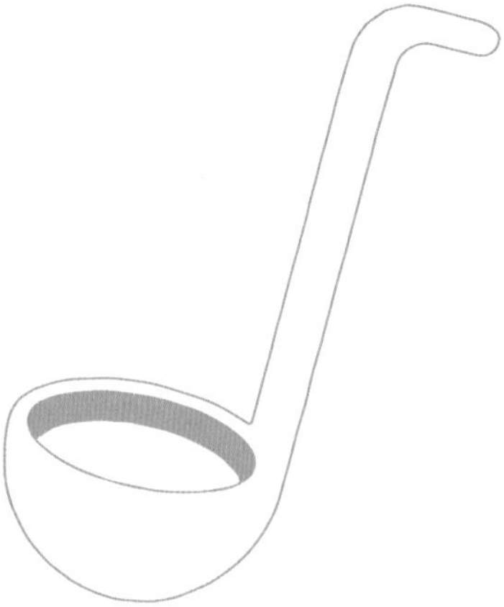

© der deutschen Ausgabe 2016 by Südwest Verlag, einem Unternehmen der Verlagsgruppe Random House GmbH, Neumarkter Straße 28, 81637 München

Die Verwertung der Texte und Bilder, auch auszugsweise, ist ohne Zustimmung des Verlags urheberrechtswidrig und strafbar. Dies gilt auch für Vervielfältigungen, Übersetzungen, Mikro-verfilmung und für die Verarbeitung mit elektronischen Systemen.

Die Verlagsgruppe Random House weist ausdrücklich darauf hin, dass im Text enthaltene externe Links vom Verlag nur bis zum Zeitpunkt der Buchveröffentlichung eingesehen werden konnten. Auf spätere Veränderungen hat der Verlag keinerlei Einfluss. Eine Haftung des Verlags für externe Links ist stets ausgeschlossen.

MIX
Papier aus verantwortungsvollen Quellen
FSC
www.fsc.org
FSC® C021956

Verlagsgruppe Random House FSC® N001967

Projektleitung: Nikola Hirmer
Layout und Satz: Nadine Clemens, München
Korrektorat: Susanne Schneider
Umschlaggestaltung und Konzeption: Zeichenpool, München, unter Verwendung mehrerer Fotos von Shutterstock und Getty Images
Bildnachweis: **Gettyimages** 4 (Toronto Star), 8(Canopy), 12 (Westend 61),16 (DigitalVision), 34 (Moment), 118 (Foodcollection), 122 (Westend61); **Shutterstock** 23 (Azdora), 27 & 46 & 54-55 (Casanisa) 66 (Zoryanchik), 78 (Ferumov), 83 (Natalia Klenova), 87 (Lidante), 88 (Sebastiana), 94 (Christian-Fischer), 97 (Anna_Pustynnikova), 98 (Oykuozgu), 105 (Vicuschka), 106 (Oksana Mizina), 110 (Martinho Smart), 114 (Katerina_Tuveleva), 117 (thefoodphotographer), 125 (AS Food studio); **Stockfood** 71 (G&U Vlg. / Neubauer, Mathias), 75 (Lehmann, Joerg), 121 (Deimling-Ostrinsky, Achim); **Stocksy** 64-65 (Jörn Rynio)

Druck & Bindung: Alcione, Trento

Printed in Italy

ISBN 978-3-517-09517-2

1. Auflage 2016